IRMGARD EMMELHAINZ

La desconstrucción
en las fronteras de la filosofía

PENSAMIENTO CONTEMPORÁNEO
Colección dirigida por Manuel Cruz

Jacques Derrida

La desconstrucción
en las fronteras de la filosofía

La retirada de la metáfora

Introducción de Patricio Peñalver

Ediciones Paidós
I.C.E. de la Universidad Autónoma de Barcelona
Barcelona - Buenos Aires - México

Título original: «Le retrait de la métaphore» y «*Envoi*», en *Psyché*, págs. 63-94 y 109-143 respectivamente

Publicado en francés por Éd. Galilée, París

Traducción de Patricio Peñalver Gómez

Cubierta de Mario Eskenazi y Pablo Martín Badosa

© 1987 by Éd. Galilée, París
© 1989 de esta edición
   Ediciones Paidós Ibérica, S. A.,
   Mariano Cubí, 92 - 08021 Barcelona
   http://www.paidos.com
   e Instituto de Ciencias de la Educación
   de la Universidad Autónoma de Barcelona,
   08193 Bellaterra

ISBN: 84-7509-526-7
Depósito legal: B-14.085/2001

Impreso en Novagràfik, S.L.,
Vivaldi, 5 - 08110 Montcada i Reixac (Barcelona)

Impreso en España - Printed in Spain

SUMARIO

INTRODUCCION

«Si j'avais à risquer, Dieu m'en garde,
une seule définition de la déconstruction,
brève, elliptique, economique comme un
mot d'ordre, je dirais sans phrase: *plus
d'une langue.*»

J. D., *Mémoires pour Paul de Man*,
pág. 38.

I. Katastrophé metafórica y ruina de la representación

Digámoslo en seguida: la llamada desconstrucción no
es, desde luego, una filosofía retórica, una nueva figura
de la eterna sofística (como quieren creer muchos de sus
alérgicos críticos), pero tampoco es una retórica de
la filosofía, una explicación metafilosófica de la «mitología blanca», del fondo y los recursos metafóricos (o figu-
rados en general) que habría borrado de sus orígenes el
logocentrismo dominante en la etnia occidental (como
piensan algunos de sus más irresponsables usuarios).
Ahora bien, es cierto que un enclave problemático decisivo en la constitución y en los trayectos de la desconstrucción es la necesidad de analizar y revelar la condición tropológica (figuras, metáforas, metonimias, pero
también traducciones, transferencias, errancia, envíos)
del lenguaje de la filosofía: el juego de la metaforicidad
en y bajo el texto filosófico, y la clausura del campo de
la representación (o del lenguaje como representación).
He dicho, bastante inadecuadamente, «analizar». Inadecuadamente, no sólo porque el rigor de la desconstrucción
destituye, desautoriza el axioma de un o unos núcleos

primitivos de sentido que delimitarían y posibilitarían el análisis como tal, sino porque el campo en el que se interesa, el campo en el que se interna la desconstrucción es de entrada un campo polémico, el espacio heterogéneo de un conflicto de fuerzas (y ya, ante todo, de fuerza y sentido), lo cual requiere, más que análisis neutro, metódico y «especulativo», intervención estratégica y singular, implicada en tal o cual lugar o momento de aquel espacio. En cualquier caso, hay que tener en cuenta que la tentativa de hacer aparecer aquella condición (suelo, si inestable, y elemento, o naturaleza) trópica de la filosofía no puede dejar de enfrentarse a una resistencia sistemática y compleja por parte de ésta: resistencia a aquel análisis o a aquella estrategia de revelación del fondo móvil metafórico de la filosofía, resistencia a lo que ésta experimentaría como una «invasión» de todo el lenguaje por la metáfora (e invasión general tan insoportable, tan impensable para la filosofía, como la «secuencia» o la consecuencia de esa ocupación desbordante: el reflujo o el retirarse de la metáfora). Se tendría que comprender (antes de proceder a desmontarlo y desacreditarlo cuidadosamente, antes de desconstruir su principio) ese gesto de la filosofía como tal: ésta incluye, o *es*, la *distinción del sentido propio y el sentido metafórico*, la afirmación de la primariedad del primero, el lenguaje literal, que dice lo que quiere decir, su significado, *y* la derivación o la derivabilidad del segundo, el lenguaje figurado, que dice de otra manera, otra cosa, otra cosa que su significado, flotando a la deriva, sin anclaje, *indecidiéndose*, en un cierto vacío de sentido (situación ésta dramáticamente expuesta por Derrida —otros dirían retóricamente construida— en las primeras páginas de «La retirada de la metáfora», al tener que tratar metafóricamente de la metáfora). Gesto doble, pues, el de esta *resistencia de la filosofía* [1] a que se «toque» su principio del sentido pro-

---

1. Sobre la resistencia específica del discurso filosófico a la desconstrucción, véase el «Tímpano», de *Marges de la philosophie*, París, 1972.

pio y su derecho de propiedad del sentido: dominación del lenguaje propio como campo dominado por intenciones significativas unívocas al menos en su telos o su horizonte, y así, dominado por la referencia a la verdad como presencia, y jerarquización subordinante del lenguaje figurado (digamos, metonímicamente, metafórico), bien como capa de expresión más o menos parasitariamente ornamental, bien como preparación para el trabajo cognoscitivo, onto-lógico, del verdadero lenguaje por medio de la analogía, que sería la ley y el *medium* de la metáfora.

Estas secas generalidades deben haber al menos sugerido hasta qué punto está problemáticamente cargado o sobredeterminado aquel enclave, efectivamente decisivo, del estratégico «interés» de la desconstrucción en las lenguas y la «retórica» de la filosofía. A él vuelven, de manera más o menos temática, recurrentemente, muchos textos, muchos momentos del texto de Derrida, desde «Fuerza y significación» (1963) (en *La escritura y la diferencia*) a *Mémoires pour Paul de Man* (1988), pasando, señaladamente, por «La mitología blanca» (1971) (en *Márgenes de la filosofía*), «La doble sesión» (1970) (en *La diseminación*) [trad. cast.: Madrid, Fundamento, 1975] y «Torres de Babel» (1980) (en *Psyché*). Y sin duda en ese enclave coinciden, según dos trayectorias, los dos textos traducidos aquí, convergencia ésta que permite unir estos dos ensayos, próximos de todas formas ya por más de un motivo: las fechas, la inflexión compartida de una cierta consideración retrospectiva de trabajos anteriores que han desplazado ya las cuestiones planteadas de sus «sitios» tradicionales, la similitud del tipo de escenario, cierto estilo y cierta «retórica» de la comunicación en coloquios (sin ninguna complacencia, por otra parte, en las falsas facilidades del género «conferencia»), y en fin, y sobre todo, una experiencia paralela de la necesidad de «dialogar» con el texto de Heidegger. «La retirada de la metáfora» prolonga, de una manera explícita, algunos motivos del amplio estudio mencionado

(«La mitología blanca. La metáfora en el texto filosófico»), tras una réplica a la crítica —o a la lectura insuficiente, o «demasiado vivamente metafórica o metonímica»— que hace Paul Ricoeur en *La metáfora viva*
(1975) de aquel ensayo;[2] más precisamente esos motivos
arrancan de una nota de «La mitología blanca» acerca
de la «desconfianza» de Heidegger ante el concepto de
metáfora como concepto dependiente de la metafísica.
En cuanto a «Envío» —discurso inaugural de un congreso de la Sociedad francesa de filosofía sobre el tema
de «la representación»—, problematiza la legitimidad o
los límites del concepto de representación a partir de
una exploración de las dificultades de la traducción lati-
nogermánica y de la necesidad que tiene el filósofo de
salir de la clausura de un solo idioma,[3] y a partir sobre
todo, de nuevo, de la potencia, pero también de la insuficiencia, de la interpretación heideggeriana de la «época
de la representación» (la «época moderna», la época de
la imagen del mundo, según un célebre ensayo de 1938,
Die Zeit des Weltbildes, en *Holzwege*): de la insuficiencia
de esa interpretación en cuanto que Heidegger supone
la unidad del destino o de la historia del ser impuesta
por la «gran época griega». Así, pues, la metáfora en retirada, o la *katastrophé* que invierte el trayecto de la metáfora para poder pensar la retirada o las retiradas del
ser (tras la desconstrucción del concepto filosófico y retórico de metáfora que cree poder controlar ésta en su
distribución del sentido propio y figurado), por un lado;
y la *ruina* de la representación (de su concepto y de su
época, en la situación de duelo interlingüístico franco-
alemán que hace comunicar a cada lengua con su propia

2. Una eficaz reconstrucción de la polémica, en Maurizio
Ferraris, «Metafora, metafisica, mito, ecc.», en *Aut-Aut*, 220-221,
1987.
3. Sobre las complejas, y en buena parte conflictivas, relaciones de Derrida y su texto con la lengua francesa, puede orientar
L'oreille de l'autre, Textes et debats avec Jacques Derrida, Mont-
real, 1982, y los «Envois» de *La carte postale*, París ,1980.

muerte), por otro lado: por ambas partes se requiere pensar, es decir, pensar de otro modo, incluso de un modo completamente diferente.

Ahora bien, esas «operaciones», como he sugerido, se inscriben en una ya larga, y muy densa, aventura de pensamiento, quizá de las más activamente receptivas, más lúcidamente descifradoras y más generosamente audaces, en la interpretación de los signos del tiempo —signos inseguros pero ineludibles—, como signos de la clausura del saber absoluto. Orientará, se quisiera, la entrada en esa difícil aventura —pero cuyo carácter oscuro y laberíntico no deberá sustraérsele, como que es invitación al laberinto y peligro para la certeza, pero cuya resistencia a la comprensión y al entendimiento, como escritura y escritura de la escritura que es,[4] habrá que respetar—, indicar, *primero*, algunas de las premisas y los contextos tipificadores de la desconstrucción; explicar, en *segundo* lugar, la «hipótesis» o la abertura gramatológica, la hipótesis al mismo tiempo de más fuerza irruptiva en este pensamiento y de más sostenida eficacia «organizadora» de sus intereses, para, en *tercer* lugar, apuntar más precisamente a la elaboración en este pensamiento de la cuestión de la metáfora y de la condición esencialmente trópica del lenguaje de la filosofía.

II. Premisas y contextos de la desconstrucción

A decir verdad, «desconstrucción» no es una buena palabra, y desde luego no es una palabra bella. Eso dice, al menos, en algunos gestos retrospectivos, y en medio de un cierto malestar, el «inventor» del término (aunque éste no es exactamente un neologismo, como señala el propio Derrida) y el responsable inicial del pensamiento que suele llamarse así y de la considerable «fortuna» (pero en buena medida polémica, cuando no de crispado

---

4. Véase *Posiciones*, Valencia, 1977 (Pre-textos), págs. 20-21.

rechazo sintomáticamente autodefensivo) que esa desconstrucción ha alcanzado en los últimos veinte años, en Europa y en América, en la discusión filosófica pero también, y especialmente, en la teoría y la historia literaria, en la estética, las ciencias humanas, el psicoanálisis, las ciencias del lenguaje, la teoría de la traducción, el análisis de las instituciones, la reflexión política y la teología.[5] El caso es que esa fortuna de la palabra sorprendió, y desagradablemente en parte, a Derrida, para quien el «éxito» de aquel término como nombre aparentemente sintetizador y tipificador del pensamiento del que formaba parte se debió mucho más que al lugar y la función que ejercían en sus textos, a ciertas condiciones históricas de la recepción de ese pensamiento (postestructuralismo, relectura postexistencialista de Heidegger, nueva sensibilidad por el nihilismo). Lo cierto es que «desconstrucción», la palabra y el concepto o la operación nombrada, no habrían desempeñado un papel metódico sistemático o una función teórica privilegiada en los textos que desde mediados los sesenta (en *De la gramatología*, los últimos cinco ensayos de *La escritura y la diferencia*, y *La voz y el fenómeno*) empiezan a emplearla, en usos y contextos que de todas formas ninguna lectura podía descuidar o minimizar. Así, pues, la «importancia» de la expresión y el concepto de desconstrucción no habría sido tramada, calculada, en el programa teórico de Derrida; ahora bien, su «eficacia» en la cultura contemporánea para designar en general las formas de lectura, de escritura, de interpretación y de experiencia del pensamiento derivadas de aquel programa es ya un hecho irreversible ante el que probablemente no tendría mucho sentido eludir o minimizar su utilización por una especie de ascetismo terminológico. Y, por otro lado, el pensamiento que ha llegado a llamarse así en el trance de su difusión o su recepción ha insistido de muchas maneras en la imposibilidad

5. En la primera conferencia de *Memoires pour Paul de Man*, Derrida propone una caracterización muy comprometida de la diversidad de lugares o ámbitos de la desconstrucción.

de aislar un sentido originario principal en el centro de una construcción conceptual o el conjunto de una obra. La desconstrucción desautoriza, desconstruye, teórica y prácticamente, los axiomas hermenéuticos usuales de la identidad totalizable de la obra y de la simplicidad o individualidad de la firma. En consecuencia, los giros, las variaciones, los desplazamientos de interés temático, las transferencias, las traducciones, incluso si abusivas (y Derrida dice que «una buena traducción debe ser abusiva»), y por ejemplo el uso abusivo de «desconstrucción» como título, como epígrafe capital de un cuerpo de significaciones diseminadas que no se pueden sintetizar o dominar bajo un nombre, todas esas transformaciones que «sufren» los conceptos y las prácticas de la más o menos mal llamada desconstrucción, no deberían evaluarse como accidentes ajenos a un presunto núcleo esencial. Este pensamiento —al pensarse, y al pensar su «origen» dividido en múltiples raíces y su relación crítica con sus premisas desde los primeros pasos— no puede descansar en una unidad consigo mismo. Tiene que aplicarse —en sus momentos más o menos directamente reflexivos sobre su sentido en general, o sobre el sentido de su marcha— aquella inestabilidad e inquietud que él mismo produce, en la sonámbula seguridad metódica de la historia de las ideas o de la historia convencional de la filosofía, al poner en cuestión las nociones —todas ellas gravemente afectadas por la desconstrucción— de autor, obra, fuentes, génesis, sistema, método, desarrollo, evolución, influencias, interpretaciones... La desconstrucción irrumpe en un pensamiento de la escritura, como una escritura de la escritura, que por lo pronto obliga a otra lectura: no ya imantada a la comprensión hermenéutica del sentido que quiere-decir un discurso, sino atenta a la cara oculta de éste —y en el límite, a su fondo de ilegibilidad y de deseo de idioma—, a las fuerzas no intencionales inscritas en los sistemas significantes de un discurso que hacen de éste propiamente un «texto», es decir, algo que por su propia naturaleza o por su propia ley se resiste a ser comprendido como expresión de un sentido, o que más bien «expone» éste como efecto —y con su legalidad y necesidad específica— de una ilusión para la conciencia. Si esto es así, habría que reconocer que en un principio un programa de interpretación e historia de la desconstrucción que intentase atenerse a lo que ésta ha querido decir o habría querido decir, corre el riesgo de la mayor infidelidad hermenéutica. Sólo podría conjurar el peligro de esa infidelidad una retrospectiva o una mirada histórica al «origen» (pero dividido) de la desconstrucción que se esfuerce en leer allí, en las premisas y los primeros pasos o lugares de este pensamiento, el impulso inventivo y afirmativo, realmente «poiético», que lo transforma y lo encadena a una serie trópica inclausurable de conceptos y prácticas de *otra* interpretación de la experiencia (otra experiencia de la alteridad de lo otro), otra que la comprendida en y por una comprensión, un entendimiento y una razón autosituados en el centro.

A los elementos de esa serie o cadena en la que se inscribe la desconstrucción —inscripción o contexto que le da su verdadera significación: su movilidad y su fecundidad— los llama Derrida «*indecidibles*» (invocando por analogía el teorema de Gödel sobre los límites del formalismo). Estos indecidibles, o falsas unidades verbales, habitan —más o menos ilegalmente, o furtivamente— el cuerpo de la tradición logocéntrica por desconstruir, pero no están sometidos al sistema clausurado de sus conceptos y sus oposiciones constitutivas: verdad-pensamiento, sensible-inteligible, pensamiento-lenguaje, sentido-signos, significante-significado, habla-escritura, alma-cuerpo... Indecidibles, sutilmente potentes artefactos textuales para producir una especie de *parálisis* en el sistema conceptual de la metafísica logocéntrica, y abrirlo a lo que ésta hasta ahora ha reprimido o excluido, son, entre otros, los siguientes: *archiescritura* (marca reiterable, o inscripción como condición de la signi-ficación, como posibilidad del lenguaje en general anterior a la distinción entre la palabra hablada y la escritura en sentido derivado o corriente); *huella* (relación con un pasado que se sustrae a la memoria en el «origen» del sentido, que interrumpe la economía de la presencia e introduce en la vida de los signos lo incalculable, lo exterior); *entame* (inicio o merma, encentadura que corta y empaña la integridad del origen desde el comienzo); *differance* (que divide el sentido y difiere su plenitud sin fin, sin finalidad y sin horizonte teleológico que permita reasumirla dialécticamente en la conciencia); *espaciamiento* (que impide el volumen homogéneo del espacio y la linealidad del tiempo); *texto* (proceso significante general que somete el discurso a la ley de la no-plenitud o la no-presencia del sentido y que está sometido a su vez a la ley de la insaturabilidad del contexto); *parergon* (lo «accesorio», el detalle exterior que ante la mirada micrológica se revela como instancia «clave» para descifrar una obra)... Pero no tendría mucho sentido pretender en este momento una profundización y una extensión de los términos de esa serie, que rodean a la desconstrucción como su contexto, que constituyen en cierto modo el léxico de la desconstrucción. La referencia —tan parcial y tan meramente indicativa— a la cadena de indecidibles en la que se inscribe la desconstrucción debe al menos poder sugerir que la desconstrucción significa otra cosa, de otro modo, que lo que su materialidad gramatical y su significado inmediato en los primeros usos estratégicos que Derrida hizo de este concepto, parecían imponer. En efecto, desconstruir parece significar ante todo: desestructurar o descomponer, incluso dislocar las estructuras que sostienen la arquitectura conceptual de un determinado sistema o de una secuencia histórica; también, desedimentar los estratos de sentido que ocultan la constitución genética de un proceso significante bajo la objetividad constituida y, en suma, solicitar o inquietar, haciendo temblar su suelo, la herencia no-pensada de la tradición metafísica. Lo cierto es que ya esta descripción mínima del carácter de esa operación, descripción orientada por los contextos inmediatos de los primeros «usos» de ese concepto por parte de Derrida, tendría que desautorizar la interpretación habitual, y habitualmente crítica, de la desconstrucción como destrucción gratuita y nihilista del sentido y liquidación del buen sentido en el escepticismo posmoderno. Ya para una lectura mínimamente atenta a aquellos usos del término tenía que estar claro que esa operación, esa estrategia derridiana en la lectura de ciertos textos (Husserl, Rousseau, Hegel, Platón, Saussure...) requería una atención muy cuidadosa, micrológica, a lo constructivo de lo por desconstruir, e incluso un gesto afirmativo de identificación con la «necesidad» de la herencia (la razón filosófica y su voluntad de verdad) en cuestión. Ahora bien, decíamos, desconstruir significa más, otra cosa y de otro modo, que desmontar, dislocar, desestructurar, desconstituir los efectos de sentido del logocentrismo, desde el momento en que se hace jugar el contexto de la cadena trópica de indecidibles que lo rodea. De ahí, seguramente, el malestar de Derrida ante el «triunfo» de «desconstrucción» como nombre de este pensamiento. Esa palabra no sólo es insuficiente, parcial, incapaz, como cualquier otra, de capitalizar las energías de un pensamiento que se llamó a sí mismo en un segundo momento diseminación (el pensamiento de la escritura, de la *différance*, de la huella...), sino que es una palabra comparativamente menos adecuada que otras, no una buena palabra, ni bella. ¿Por qué? En una palabra, porque es gramaticalmente negativa, siendo así que la cadena en la que la inscribe, en la que la escribe y la usa el texto de Derrida denuncia precisamente la negatividad (y sobre todo la negatividad dialéctica) en aquello de lo que se separa y que somete a desconstrucción, en el logocentrismo, y expone, o es, ella misma, esa cadena de indecidibles en su secuencia metonímica, un pensamiento profundamente afirmativo. Puede ser útil recordar la historia del surgimiento del término.

El contexto inicial inmediato del uso de «desconstrucción», en cierto modo el contexto inicial de su invención, fue la traducción de la *Destruktion* heideggeriana de la historia de la ontoteología (y también, aunque menos directamente, del *Abbau* husserliano, la des-sedimentación de las capas de sentido en la historia genética de una producción intencional).[6] En «Carta a un amigo japonés» —una tentativa no de definir la desconstrucción, pero al menos de determinar negativamente las connotaciones o significaciones que hay que evitar, si es posible, en el momento de entenderla activamente, por ejemplo al traducirla— Derrida evoca el contexto en que surgió o se impuso el término: «Cuando escogí esa palabra, o cuando ésta se me impuso, creo que fue en *De la gramatología*, no pensaba que se le reconocería un papel tan central en el discurso que me interesaba entonces. Entre otras cosas deseaba traducir y adaptar a mi propio discurso las palabras heideggerianas *Destruktion* o *Abbau*. Las dos significaban en ese contexto una operación aplicada a la *estructura* o la *arquitectura* tradicional de los conceptos fundadores de la ontología o de la metafísica occidental. Pero en francés el término "destrucción" implicaba demasiado visiblemente una aniquilación, una reducción negativa más próxima de la "demolición" nietzscheana, quizá, que de la interpretación heideggeriana o del tipo de lectura que yo proponía. Por eso la aparté» (*Psyché*, pág. 388). Se trataba, pues, en parte al menos, de *no* decir destrucción. Por otro lado, y aunque «desconstrucción» era entonces una palabra muy rara, prácticamente desconocida, no es un neologismo, el diccionario *Littré* la registra, atribuyéndole por cierto un significado gramatical y retórico (trastornar la construcción de una frase) y también un significado «maquínico» (desmontar en sus piezas una máquina) que importaba para lo que Derrida buscaba con ese término más allá de la traducción de la *Destruktion* heideggeriana. Otro elemento del contexto histórico de los primeros usos de la desconstrucción —el

6. Véase R. Gasché, *The tain of the mirror*, Harvard U. Press., 1986, págs. 109-120.

dominio de la cultura filosófica y teórica francesa de los
años sesenta por el paradigma estructuralista, por el que—
por otra parte, se interesó Derrida de forma muy activamente crítica— favoreció el curso y el recurso (y aunque
muchas veces desde un talante polémico) de aquella palabra: «Desconstruir era también un gesto estructuralista,
en todo caso, un gesto que asumía una cierta necesidad
de la problemática estructuralista. Pero era también un
gesto antiestructuralista, y su fortuna depende por una
parte de este equívoco. Se trataba de deshacer, descomponer, des-sedimentar estructuras (todo tipo de estructuras, lingüísticas, "logocéntricas", "fonocéntricas" —puesto que el estructuralismo estaba dominado sobre todo
entonces por modelos lingüísticos, de la lingüística llamada estructural a la que se le llamaba también saussu-
riana—, socioinstitucionales, políticas, culturales y, sobre todo, y en primer lugar, filosóficas). Es por eso, sobre
todo, por lo que se ha asociado el motivo de la desconstrucción al "postestructuralismo" (palabra ignorada en
Francia, salvo cuando "regresa" de Estados Unidos). Pero
deshacer, descomponer, des-sedimentar estructuras, movimiento más histórico, en un cierto sentido, que el movimiento "estructuralista" que se encontraba así puesto
en cuestión, no era una operación negativa. Más que destruir, era necesario también comprender cómo estaba
construido un "conjunto", para lo cual era necesario
reconstruirlo (*ibíd.*, págs. 389-390).

Así, pues, por un lado y por otro, por el de la reco-
nocida filiación heideggeriana, y por el de la no casual
convergencia con la problemática estructuralista, ya la
motivación inicial de la desconstrucción tenía que haber
excluido de entrada su interpretación, primero, como
pensamiento negativo, destructivo, y luego como pensamiento nihilista, radicalmente escéptico, como una figura
sintomática y representativa de lo que algunos ilustrados
rezagados llaman «destrucción de la razón». Esa lectura
nihilista de la desconstrucción sería la más inadecuada
al movimiento afirmativo de la cadena de indecidibles

que le da o le asigna su sentido —su fuerza y su deseo—; pero hay que reconocer que aquella apariencia negativa está inscrita, en cierto modo predeterminada, en la misma gramática de la palabra, y de ahí lo insatisfactorio de ésta, especialmente si se entiende aislada.

Ahora bien —y aludimos ahora a otro equívoco bastante generalizado en estos parajes, equívoco aparentemente antagónico al anterior, pero que hay también que evitar— tampoco cabe una interpretación propiamente constructiva o positiva de este movimiento: la desconstrucción como *método*, en la filosofía y en las ciencias humanas, quizás en conflicto o en diálogo con la dialéctica, la hermenéutica, el mismo estructuralismo, el psicoanálisis o el análisis lingüístico. De nuevo cito la «Carta a un amigo japonés» (reflexión que arranca de las dificultades de una posible traducción de «desconstrucción» a una lengua tan alejada como el japonés, pero es que «la cuestión de la traducción es también de parte a parte *la* cuestión de la desconstrucción y de la lengua de los conceptos, del corpus textual de la metafísica llamada "occidental"»):[7] «La desconstrucción no es un método, y no puede transformarse en método. Sobre todo si se acentúa en esa palabra la significación procedimental o tecnicista. Es verdad que en ciertos medios (universitarios o culturales, pienso en particular en Estados Unidos), la "metáfora" tecnicista y metodológica que parece necesariamente vinculada a la palabra misma "desconstrucción" ha podido seducir o desorientar. De ahí el debate que ha tenido lugar en tales medios: ¿puede convertirse la desconstrucción en una metodología de la lectura y de la interpretación? ¿Puede así ser reapropiada y domesticada por las instituciones académicas?» (*ibíd.*, págs. 390-391). Hay que entender esta resistencia a la conversión metódica. *Primero*, porque cada intervención de la desconstrucción, como se ha dicho ya, tiene un carácter irreduc-

7. Sobre el tema, más bien la «tarea» del traductor, véase sobre todo, «Des tours de Babel», trad. cast. en *ER. Revista de fiosofía*, 5, 1987, págs. 35-68.

tiblemente singular, vinculada como está ella misma a su
vez a la singularidad del texto (o de su coyuntura) que
lee y del texto que escribe: la desconstrucción se auto-
impone un «respeto» inaudito al deseo de idioma y a la
intriga de la firma secreta diseminada en cada corpus
textual, «respeto» que requiere, junto a un recurso crítico al método o los métodos clásicos (de los que no se
podría prescindir simplemente sin el riesgo de la más
estéril arbitrariedad), un cierto delirio hermenéutico
adivinatorio irreductible a «regulae» para dirigir la interpretación. Pero *segundo*, la desconstrucción no es método,
ni lo tiene, porque, en última instancia, de la desconstrucción no es responsable un acto o una operación de un
sujeto que tomaría la iniciativa (por ejemplo, de un dis-
positivo metódico para leer y escribir); sino que es más
bien un acontecimiento histórico que tiene lugar en, o
como, la clausura del saber y la diseminación del sentido.
Cabría hablar hasta cierto punto, heideggerianamente
—aunque una parte del pensamiento heideggeriano de
la historia del ser está directamente afectado por la desconstrucción— de la época del ser-en-desconstrucción.
Así, los textos del propio Derrida, y de algunos otros, en
los que la desconstrucción toma cuerpo, por así decirlo,
como motivo explícito, como palabra en una cadena
y como estrategia móvil, son ya ellos mismos respuesta,
síntomas e intentos de interpretación de esa desconstruc-
ción-acontecimiento histórico-ontológico que *ya* ha tenido lugar.

III. La hipótesis gramatológica

Lo hemos sugerido al principio: en una consideración
de las premisas, y los primeros pasos y contextos de la
llamada desconstrucción —con la relativa inadecuación y
efectos distorsionadores vistos—, uno de los indecidibles
de la cadena se impone, si no como «tema» principal, sí
como índice de la más eficaz estrategia, inicialmente y en

una amplia secuencia de trabajos. Se trata de la hipótesis gramatológica: tanto la desconstrucción de la jerarquía fonocéntrica, fonologocéntrica, que somete la escritura a representación segunda (signo de signo) y derivada del lenguaje propio o propiamente dicho que sería la palabra hablada; como la transformación, o más bien el desplazamiento que (se) produce (en) esa inversión en el concepto de escritura. Esta se verá elevada —desde el estatuto relegado de significante de significante— a rango de suelo o fondo, estrato básico, condición de posibilidad y condición, o elemento, de todo proceso significante. Esta hipótesis no propone, como creen algunos críticos —habrá que decirlo, ante la persistencia de esa perezosa confusión—, algo así como un primado de la escritura (en sentido corriente y empírico, efecto históricamente y etnocéntricamente determinado por una interpretación de la escritura fonética) sobre la palabra hablada, sino una afirmación, y una búsqueda del fondo de escritura o archiescritura (marcas, huellas, espaciamiento, insaturabilidad del contexto) bajo toda manifestación de lenguaje o de signi-ficación, por ejemplo el habla o la escritura en sentido corriente.

Desde muy pronto, y ya antes de que esa hipótesis gramatológica apareciera y jugara como apertura del pensamiento a un *novum* impensado (desde la cual un cierto número de discursos poshegelianos podían mostrar una nueva eficacia crítica y otra energía inventiva: discursos como los de Nietzsche, Freud, Heidegger, Levinas...), Derrida había dedicado una atención muy específica y muy plural al motivo de la escritura. En un amplio estudio sobre «El origen de la geometría» de Husserl (1961) —que en más de un sentido «introduce» a la lectura de las *Investigaciones Lógicas* que produce *La voz y el fenómeno* (1967) ya en plena apertura gramatológica— se interesó de manera sistemática por el problema del signo escrito como condición de posibilidad de la idealidad, de la tradicionalidad y la historicidad racional de los productos de la ciencia, en el marco de la fenomenología hus-

serliana. Un segundo motivo inicial de esa precoz aproximación a la escritura procedía de un interés —que se
mantendrá por otra parte como una constante de toda
esta obra— por la escritura literaria (cabe recordar «Fuerza y significación», 1963). En fin, las primeras lecturas de
Levinas y Jabès complicaban en la cuestión de la escritura toda la tradición judía. (Esas lecturas se encuentran
entre los ensayos de *La escritura y la diferencia* escritos
antes, de hecho y de derecho, que *De la gramatología.*)
Ahora bien, el programa gramatológico requería un desplazamiento teórico incomprensible —en todos los sentidos— tanto en el proyecto fenomenológico como en una
filosofía de la literatura, o en la filosofía de la literatura
implicada en toda crítica literaria, o en una relación tradicional con la cultura judía del libro. El concepto de
escritura o de archiescritura irrumpe en el texto de Derrida y en el pensamiento como exigencia, *primero*, de
someter a cuestión todo concepto del lenguaje dominado
por el significado (concepto dominante, no sin fecundas
contradicciones, desde Saussure a los teóricos del acto de
habla), y *segundo*, de desconstruir el sistema de oposiciones conceptuales (sensible-inteligible, cuerpo-alma, interior-exterior...) de la metafísica, que ha subordinado
desde Platón a Rousseau, Hegel y Husserl, la escritura
al habla, en el mismo movimiento con que le ha asignado al logos como palabra viva el origen del sentido y la
verdad.

Según la hipótesis de la infraestructura grafemática
de todo signo, la escritura *comprendería* el lenguaje. El
signo gráfico del signo fonético dejaría entonces de aparecer como ha aparecido siempre, como forma particular,
derivada, auxiliar, «técnica» y eventualmente parasitaria
del lenguaje propiamente dicho o habla, para convertirse
más bien en índice del elemento del lenguaje que desborda la extensión del lenguaje (pues la desconstrucción
no es, como se dice muchas veces, una «filosofía del lenguaje», ni una filosofía dominada por el problema del
lenguaje, aunque ha debido reconocer la necesidad histó-

rica a que respondía el que en un cierto momento la totalidad del campo problemático de la filosofía estuviera
determinado por el lenguaje). «No se trata de que la palabra "escritura" deje de designar el significante del significante, sino que aparece bajo una extraña luz en la que
"significante del significante" deja de definir la duplicación accidental y la secundariedad caduca. Significante
del significante describe, por el contrario, el movimiento del lenguaje: en su origen, por cierto, pero se presiente
ya que un origen cuya estructura se deletrea así —significante de un significante— se excede y se borra a sí
mismo en su propia producción. En él el significado funciona como un significante desde siempre. La secundariedad que se creía poder reservar a la escritura afecta a
todo significado en general, lo afecta desde siempre, vale
decir desde la *apertura del juego*» (*De la gramatología*,
trad. cast., pág. 12). Se impone, así, la necesidad de una
revisión de los fundamentos de la lingüística, cuyos presupuestos fonocéntricos habrían encadenado el juego del
lenguaje a un significado inteligible, *de jure* independiente del movimiento de los signos, o significado trascendental. En esa perspectiva Derrida analiza, a título
ejemplar, el *Curso de lingüística general* de Saussure, dejando ver la solidaridad profunda de su fonocentrismo
y la herencia metafísica que ordena el proceso significante a un logos animado por el sentido y la verdad como
presencia del ser. La "ciencia" semiológica o más limita-
damente lingüística, no puede mantener la diferencia
entre significante y significado —la idea misma de signo—
sin la diferencia entre lo sensible y lo aquí inteligible,
por cierto, pero tampoco sin conservar al mismo tiempo
más profunda e implícitamente la referencia a un significado que pudo "tener lugar", en su inteligibilidad, antes
de toda expulsión hacia la exterioridad del aquí abajo
sensible. En tanto cara de inteligibilidad pura aquél remite a un logos absoluto al cual está inmediatamente
unido» (*ibíd.*, pág. 20).
El supuesto en última instancia más revelador de ese

fonologocentrismo del fundador de la ciencia lingüística moderna es el de la constitución del lenguaje por *palabras* como *unidades atómicas de sonido y sentido*. De ahí que la desconstrucción en general (de los valores de la verdad, de la presencia del logos, del significado trascendental...) pueda exponerse como efecto de la desconstrucción de la palabra o de un lenguaje de palabras. En el origen de la ilusión de verdad o de presencia («ilusión trascendental» cabe llamarla, puesto que Derrida le reconoce su «necesidad» en cierto modo insuperable) que la desconstrucción acosa, estaría la ilusión de un cierto *plenum* o núcleo duro de presencia (del significante, del significado y de la cosa) que produciría la palabra «llena» de sentido.[8] (Y de ahí que la literatura de Mallarmé, su partición o su disección de la unidad de la palabra que libera la energía de ésta, sea algo más que un precedente entre otros de la gramatología.)[9] Claro que esa tendencia inconsciente pero sistemáticamente fonologocéntrica de la lingüística de Saussure entra en tensión con otro momento de ese mismo texto: el que asigna al significado la función de un valor en un sistema articulado de diferencias. Es ese valor del significado como pura diferencia (sin apoyo en núcleos absolutos, atómicos, de presencia) lo que la gramatología radicaliza hasta llegar al subsuelo pre-lógico, grafemático del lenguaje, o lo que desorbita, hasta sacar al lenguaje del círculo de su autorrepresentación como representación de la realidad.

Se comprenderá que una ciencia de la escritura como ésta no sólo desfonde y desestabilice la lingüística (pero no sin un «diálogo», y hasta muy lejos, con ésta) sino que tenga que afectar también a la historia misma del logos (del sistema de la verdad como presencia), y principalmente a lo que ha sido su configuración discursiva más potente, la filosofía. Ya el propio nombre gramato-

8. Véase al respecto, *La voz y el fenómeno*, Valencia, Pre-textos, 1985, pág. 132.
9. Véase «Mallarmé», en *Tableau de la litterature française: de Madame de Stael à Rimbaud*, París, 1974, pág. 372.

logía apenas se sostiene, atrapado como está en la paradoja de un equilibrio inestable entre el edificio que habita y su requerimiento de abandonarlo, en la paradoja de un *anuncio* de la clausura del saber y de un «monstruoso» porvenir (pues «El porvenir sólo puede anticiparse bajo la forma del peligro absoluto. Rompe absolutamente con la normalidad constituida y, por lo tanto, no puede anunciarse, *presentarse*, sino bajo el aspecto de la monstruosidad», dice el final del «exergo» de *De la gramatología*), que no puede, no debe renunciar, sin embargo, a la necesidad del saber, del logos, de la ciencia, de la racionalidad: «La "racionalidad" —tal vez sería necesario abandonar esta palabra, por la razón que aparecerá al final de esta frase— que dirige la escritura así ampliada y radicalizada, ya no surge de un logos, e inaugura la destrucción, no la demolición, sino la des-sedimentación, la desconstrucción de todas las significaciones que tienen su fuente en este logos. En particular la significación de *verdad*» (*ibíd.*, págs. 16-17). De ahí que si la condición de la gramatología es la solicitación del logocentrismo y de su historia, esa condición se vuelve también la condición de su imposibilidad en la medida en que aquella solicitación conmueve el concepto y el valor mismo de la episteme y de la historia. Pero esa inestabilidad de la gramatología entre la filosofía cuyas bases solicita o hace temblar, y el fondo de escritura que libera, da lugar a una extraña fecundidad hermenéutica en la lectura del texto filosófico, desde Platón a Husserl. Es que la hipótesis de la escritura general revela el funcionamiento de aquel texto a la luz de su dependencia respecto a un «exterior» que «interesa» a la desconstrucción de la filosofía, que habría interesado ya a la filosofía misma en su «impensado». «"Desconstruir" la filosofía sería así el pensar la genealogía estructurada de sus conceptos de la manera más fiel, más interior, pero al mismo tiempo desde un cierto exterior incalificable por ella, innombrable, determinar lo que esta historia ha podido disimular o prohibir, haciéndose historia por esta repre-

sión interesada en alguna parte» (*Posiciones*, trad. cast.:
Valencia, Pretextos, 1976, pág. 12).

IV. Las dos autodestrucciones de la metáfora

La desconstrucción de la unidad atómica de la palabra —y de la unidad de la palabra, el significado y la
cosa— libera la diferencia en el proceso significante. Se
entiende que ese entendimiento del lenguaje desde su
fondo de escritura pueda, deba acoger y repetir, hasta sus
últimas consecuencias, el trabajo de la metáfora. En algún momento la escritura aparece como la metaforicidad
misma («... no se trataría de invertir el sentido propio
y el sentido figurado, sino de determinar el sentido "propio" de la escritura como la metaforicidad misma», *De la
gramatología*, pág. 22. Pero el entrecomillado, es decir, el
gesto de empezar a borrar una palabra dejándola legible,
de «propio» aquí, hay que tenerlo en cuenta). En cualquier caso, un lenguaje que reprimiera la escritura, la
huella, la diferencia o el espaciamiento, tendría que «prohibir» la metáfora (véase *ibíd.*, pág. 92).

A la metáfora se habían referido ya, y con una insistencia notable, los ensayos pregramatológicos de *La escritura y la diferencia*. Allí se le daba la razón muy espon-
táneamente al célebre *dictum* de Borges en *La esfera de
Pascal*: «Quizá la historia universal no es más que una
historia de algunas metáforas» (*La escritura y la diferencia*, pág. 137). En contextos críticos diferentes se reitera
el motivo de la metáfora generalizada, como lo que produce todo el lenguaje o como el surgimiento del lenguaje
mismo, con tal que se los piense, al lenguaje y a la metáfora, en el horizonte del sentido del ser como lo único que
resiste absolutamente a toda metáfora (págs. 17, 166, 203).
Y más precisamente, se reconoce ya allí la de la sombra
y la luz, la del sol que sale y se pone, la metáfora fotoló-
gica y heliotrópica como la metáfora fundadora de la filosofía occidental (pág. 45).

Pero tras la abertura gramatológica se impone una repetición de la cuestión de la metáfora, mucho menos inocentemente acogedora de la idea de la generalización de la metáfora, o de la base metafórica del lenguaje filosófico. A este respecto, «La metáfora en el texto filosófico», subtítulo de *La mitología blanca*, se presta a algún malentendido. Desde las primeras páginas Derrida denuncia los presupuestos metafísicos y retóricos (como el principio analógico simbolista, el historicismo romántico y la idea continuista de la erosión progresiva de un sentido primitivo) que han dado lugar al proyecto aparentemente crítico de mostrar el origen metafórico de los conceptos y específicamente de los conceptos filosóficos. Ahora bien, de lo que se trata en *La mitología blanca* (dicho de la forma más pobre), por el contrario, es de mostrar las condiciones de *imposibilidad* de un programa de *lectura retórica de la filosofía* que descifrase en el texto conceptual su oculta metáfora. No, claro está, porque hubiese que preservar a salvo de la figuratividad un sentido propio, y un sentido propiamente filosófico-conceptual: sino porque el concepto de metáfora que regularía aquella operación de desciframiento es a su vez un concepto filosófico, un filosofema (al que habría que aplicar entonces el mismo esquema, etc.). El concepto de metáfora, la oposición de un sentido propio y un sentido figurado, la idea del desgaste de las significaciones a partir de un sentido originario (en la que se funda la oposición tradicional entre metáforas vivas y metáforas muertas), y el proyecto de una metaforología general (que abarcaría especialmente el estudio de «la metáfora en el texto filosófico») dependen de todo el sistema de oposiciones (naturaleza-espíritu, naturaleza-historia, pensamiento-lenguaje, sensible-inteligible, etc.) que configuran la metafísica. De ahí la «desconfianza» de Heidegger —compartida por Derrida, pero sin que esto permita establecer una filiación homogénea de éste en el planteamiento de aquél, como cree Ricoeur— ante el concepto de metáfora. Heidegger llega a decir, en uno de los pocos lugares en que

se refiere directamente al asunto, que lo metafórico sólo
es posible dentro de la metafísica. Únicamente sobre la
base del sistema de aquellas oposiciones tendría sentido
y (aparente) posibilidad el programa de una metafórica
general de la filosofía, o de un análisis retórico (con pre-
tensiones de exhaustividad en el desciframiento de sus
efectos de sentido) del texto filosófico. Todas las regiones
ónticas y todos los discursos regionales procurarían —de
acuerdo con la perspectiva de dicho programa— «contenidos empíricos de tipo sensible al discurso filosófico»
(con la excepción, que Derrida anota, sin insistir, del texto matemático, el cual plantea o requiere la problemática
esteticotrascendental de las formas de la sensibilidad
pura *a priori* (véase *Márgenes de la filosofía*, pág. 271).
Así, pues, la metaforología se habría derivado, en cualquier caso dependería del discurso —filosófico— que pretende dominar. De que el concepto de metáfora sea un
filosofema se siguen dos consecuencias que Derrida cali-
fica de contradictorias: «Por una parte es imposible dominar la metafórica filosófica como tal, *desde el exterior*,
al servirse de un concepto de metáfora que sigue siendo
un producto filosófico. Sólo la filosofía parecería deten-
tar alguna autoridad sobre sus producciones metafóricas.
Pero, por otra parte, por la misma razón, la filosofía se
priva de lo que ella misma se da. Como sus instrumentos
pertenecen a su campo, es impotente para dominar su
tropología y su metafórica generales. A ésta no la podría
percibir más que alrededor de un punto ciego o de un
foco de sordera. El concepto de metáfora describiría ese
contorno, pero ni siquiera es seguro que de esa manera
circunscriba un centro organizador; y esta ley formal
vale para todo filosofema» (*ibíd.*, pág. 272). De manera
que el discurso filosófico no puede dar cuenta de su tropología en lo que sería una metafilosofía, ni se deja analizar desde lo que sería aparentemente su exterior por una
retórica (gobernada implícitamente o explícitamente por
una filosofía). El concepto de metáfora está cogido en la
economía de la oposición de lo propio y lo no-propio,

es decir, una tesis filosófica, o incluso «la *única tesis* de la filosofía» (*ibíd.*, pág. 273).

Para mostrar esta paradoja, esta aporética, Derrida propone entonces un detallado análisis del concepto de metáfora elaborado en la *Poética* y la *Retórica* aristotélicas. Aristóteles define la metáfora como *epifora*, traslado a una cosa de un nombre que designa otra, con la que aquélla está ligada, bien por proximidad ontológica, bien por semejanza o analogía, siendo ésta, la metáfora por analogía, la metáfora por excelencia. El lugar (y por lo pronto el lugar de su tratamiento teórico) de la metáfora es el del nombre y la nominación (y así, la referencia semántica, cuya condición principal es la univocidad); y el recurso o la fuente de la metáfora es el principio de la analogía. A la vista de estos dos rasgos de tal concepto poeticorretórico de la metáfora se comprende que ésta forme parte de la «*gran cadena inmóvil de la ontología aristotélica*» (*ibíd.*, pág. 281), la cadena metafísica de valores del logos, la voz significativa, el nombre, la mimesis, la semejanza, en el horizonte de la verdad como presencia (cadena ciertamente distinta de la cadena metonímica de los indecidibles, la cadena móvil de la desconstrucción y la diseminación). Así, para Aristóteles, la metáfora trabaja: al servicio del conocimiento. Cierto que en cuanto mimesis que sale de la naturaleza corre un riesgo o hace correr un riesgo de pérdida de sentido: el riesgo de interrumpir la plenitud semántica y de abrir la significación a una errancia o un desplazamiento que deja en suspenso la referencia. Es sobre todo lo que ocurre —y ante lo que tiene que retroceder Aristóteles— cuando la sobredeterminación o la metaforización de la metáfora borra de una *lexis* todo nombre «propio», y éste ya no domina como sentido capital, como padre o sol del sistema: «Desde que se admite que en una relación analógica todos los términos están ya cogidos, uno por uno, en una relación metafórica, todo se pone a funcionar no ya en sol sino en estrella, quedando la fuente puntual de verdad o de propiedad invisible o nocturna» (*ibíd.*, pág.

291). (La metáfora —y aquí cabe entender, en un sentido difícil, metáfora de la metáfora— del «*sol negro*» había interesado a ciertos momentos de *La escritura y la diferencia*: págs. 87, 128, 435.) Pero la metáfora, como la mimesis, «vuelve» a la *physis*. El concepto de lo propio como *idion*, y el telos del lenguaje unívoco, sostienen la metaforología aristotélica, que ha permanecido en la tradición retórica. (De nuevo habría que señalar la literatura de Mallarmé como el lugar de mayor resistencia, para Derrida, a esos ontologismo y semantismo de la poética clásica: una literatura, o una alquimia del sonido, la letra, el valor y el significado, que «indecide» sistemáticamente el sentido y radicaliza el juego sintático hasta partir las presuntas unidades atómicas o palabras, y devolver éstas a su espaciamiento. Véase «La doble sesión».)

Ahora bien, el programa aristotélico de dominación de la metáfora fracasa en el punto en que aparece que toda la lengua filosófica es un sistema de «catacresis» o metáforas forzadas, y que no es, en suma, la metáfora la que está en la filosofía, sino la filosofía en la metáfora. En esta dirección, la luz, una cierta relación de la tierra y el sol en el sistema de la percepción determina al mismo tiempo el espacio «natural» de la lengua filosófica y encadena a ésta a una metaforicidad irreductible. Como el sol, la metáfora sale y se pone, invade, y abre el campo visual (y eidético, conceptual: inaugura el lenguaje), y se oculta, o se retira. En ese movimiento, la oposición de lo propio y lo figurado llega a perder toda pertinencia, esa oposición se inscribe ahora en un movimiento trópico sin fundamento. Así es como se describe, por lo pronto, esta resistencia de lo metafórico al concepto filosófico de metáfora: «Presencia que desaparece en su propia irradiación, fuente oculta de la luz de la verdad y del sentido, desaparición del rostro del ser, éste sería el *retorno* insistente de lo que somete la metafísica a la metáfora» (*Márgenes*, pág. 320). Pero esta generalización de lo metafórico se presta a dos lecturas, exactamente, a dos trayectos de *autodestrucción* de la metáfora. Según el *primero*, la aparente secundarización de la diferencia entre la metáfora y el concepto está dominada por una metáfora central, principal, una metáfora verdadera que permitiría la legibilidad de lo propio, o del origen, y que opondría resistencia a la diseminación de lo metafórico y a la separación sintáctica que pluraliza irreductiblemente el movimiento tropológico: «La generalización de la metáfora puede significar esa parousía. La metáfora se comprende entonces por la metafísica como lo que debe elevarse en el horizonte y sobre el fondo propio y acabar reencontrando ahí el origen de su verdad. El giro del sol se interpreta entonces como círculo especular, retorno a sí sin pérdida de sentido, sin gasto irreversible» (*ibíd.*, pág. 320). O también: es el deseo de reapropiación del origen, el deseo de interiorizar dialécticamente, en la madurez «occidental», el sol naciente, la diferencia oriental. El *segundo* trayecto de autodestrucción de la metáfora —complicado con el de una cierta autodestrucción de la filosofía— tiene también la forma de una generalización de la metáfora, «pero esta vez no se trataría ya de extender y de confirmar un filosofema; más bien, al desplegarlo sin límite, de quitarle sus lindes de propiedad. Y por consiguiente, de hacer saltar la oposición tranquilizadora de lo metafórico y lo propio en la que uno y otro no han hecho nunca otra cosa sino reflejarse y lanzarse el uno al otro su resplandor».

De este abandono —sin nostalgia— del origen, o de esta clausura del principio de propiedad del sentido y del sentido de propiedad, de esta (segunda) muerte de la metáfora, y de la filosofía, y dc las lenguas en su necesidad de traducción (pero es que, vamos a leer ahora, «cuando hay dos muertes el problema de *la* muerte se hace infinitamente complicado»), de la capacidad inventiva y afirmativa de la llamada desconstrucción, surgen, y dan testimonio, los dos textos que siguen.

PATRICIO PEÑALVER GÓMEZ
Universidad de Murcia

1. LA RETIRADA DE LA METAFORA

A Michel Deguy

¿Qué es lo que pasa actualmente con la metáfora?

¿Y qué es lo que pasa por alto a la metáfora?

Es un viejo tema. Ocupa a Occidente, lo habita o se deja habitar por él: representándose en él como una enorme biblioteca dentro de la que nos estaríamos desplazando sin percibir sus límites, procediendo de estación en estación, caminando a pie, paso a paso, o en autobús (estamos circulando ya, con el «autobús» que acabo de nombrar, dentro de la traducción, y, según el elemento de la traducción, entre *Übertragung* y *Übersetzung*, pues *metaphorikos* sigue designando actualmente, en griego, como suele decirse, moderno, todo lo que concierne a los medios de transporte). *Metaphora* circula en la ciudad, nos transporta como a sus habitantes, en todo tipo de trayectos, con encrucijadas, semáforos, direcciones prohibidas, intersecciones o cruces, limitaciones y prescripciones de velocidad. De una cierta forma —metafórica, claro está, y como un modo de habitar— somos el contenido y la materia de ese vehículo: pasajeros, comprendidos y transportados por metáfora.

Extraña proposición para arrancar, diréis. Extraña porque implica por lo menos que sepamos qué quiere decir *habitar*, y *circular*, y *trasladarse, hacerse* o *dejarse* trasladar. En general y en este caso. Extraña, a continuación, porque decir que habitamos en la metáfora y que circulamos en ella como en una especie de vehículo automóvil no es algo meramente metafórico. No es simplemente metafórico. Ni tampoco propio, literal o usual, nociones que no estoy confundiendo porque las

aproxime, más vale precisarlo inmediatamente. Ni metafórica, ni a-metafórica, esta «figura» consiste singularmente en intercambiar los lugares y las funciones: constituye el sedicente sujeto de los enunciados (el hablante
o el escritor que decimos que somos, o quienquiera que
crea que *se sirve* de metáforas y que habla *more metaphorico*) en *contenido* o en *materia*, y parcial encima, y siempre ya «embarcada», «en coche», de un vehículo que lo
comprende, lo lleva, lo traslada en el mismo momento
en que el llamado sujeto cree que lo designa, lo expresa,
lo orienta, lo conduce, lo gobierna «como un piloto en
su navío».

Como un piloto en su navío.

Acabo de cambiar de elemento y de medio de transporte. No estamos en la metáfora como un piloto en su
navío. Con esta proposición voy a la deriva. La figura
de la nave o del barco, que tan frecuentemente fue el
vehículo ejemplar de la pedagogía retórica, del discurso
enseñante sobre la retórica, me hace derivar hacia una
cita de Descartes cuyo propio desplazamiento a su vez
arrastraría mucho más lejos de lo que puedo permitir-
me aquí.

Así, pues, tendría que interrumpir de forma decisoria
la deriva o el deslizamiento. Lo haría si fuese posible.
Pero, ¿qué es lo que estoy haciendo desde hace un momento? He levantado anclas y voy a la deriva irresisti-
blemente. Intento hablar *de* la metáfora, decir algo propio o literal a propósito suyo, *tratarla* como mi tema,
pero estoy, y por ella, si puede decirse así, obligado a
hablar de ella *more metaphorico*, a su manera. No puedo
tratar de ella sin *tratar con ella*, sin negociar con ella el
préstamo que le pido para hablar de ella. No llego a
producir un *tratado* de la metáfora que no haya sido
tratado con la metáfora, la cual de pronto parece intratable.

Por eso desde hace un momento me voy trasladando
de desvío en desvío, de vehículo en vehículo, sin poder
frenar o detener el autobús, su automaticidad o su auto-

movilidad. Al menos no puedo frenar si no es dejándolo deslizar, dicho de otro modo, dejándolo escapar a mi control conductor. Ya no puedo detener el vehículo o anclar el navío, dominar completamente la deriva o el deslizamiento (en algún sitio he llamado la atención sobre el hecho de que la palabra «deslizamiento» («dérapage»), antes de su más amplio deslizamiento metafórico, tenía que ver con un cierto juego del ancla en el lenguaje marítimo, diría más exactamente con un juego de la baliza y de los parajes). El caso es que con este vehículo flotante, mi discurso aquí mismo, no puedo hacer otra cosa sino parar las máquinas, lo que sería de nuevo un buen medio para abandonarlo a su deriva más imprevisible. El drama, pues esto es un drama, es que incluso si decidiese *no hablar ya* metafóricamente de la metáfora, no lo conseguiría, aquélla seguiría pasándome por alto para hacerme hablar, ser mi ventrílocuo, metaforizarme. ¿Cómo no hablar? Otras maneras de decir, otras maneras de responder, más bien, a mis primeras cuestiones. ¿Qué pasa *con* la metáfora? Pues bien, todo, no hay nada que no pase con la metáfora y por medio de la metáfora. Todo enunciado a propósito de cualquier cosa que pase, incluida la metáfora, se habrá producido *no sin* metáfora. No habrá habido metafórica lo suficientemente consistente como para dominar todos sus enunciados. Y, ¿qué es lo que pasa por alto *a* la metáfora? Nada, en consecuencia, y habría que decir más bien que la metáfora pasa por alto cualquier otra cosa, aquí a mí, en el mismo momento en que parece pasar a través de mí. Pero si la metáfora pasa por alto o prescinde de todo aquello que no pasa sin ella, es quizá que en un sentido insólito ella se pasa por alto a sí misma, es que ya no tiene nombre, sentido propio o literal, lo cual empezaría a haceros legible tal figura doble de mi título: en su retirada (*retrait*), habría que decir en sus retiradas, la metáfora, quizá, se retira, se retira de la escena mundial, y se retira de ésta en el momento de su más invasora extensión, en el instante en que desborda todo límite. Su retirada ten-

dría entonces la forma paradójica de una insistencia in-
discreta y desbordante, de una remanencia sobreabun-
dante, de una repetición intrusiva, dejando siempre la
señal de un trazo suplementario de un giro más, de un
re-torno y de un re-trazo (*re-trait*) en el trazo (*trait*) que
habrá dejado en el mismo texto.

En consecuencia, si quisiese interrumpir el deslizamiento, fracasaría. Y esto pasaría incluso en el momento
en que me resistiese a dejar que eso se notara.

La tercera de las breves frases por las que he parecido
acometer mi tema hace unos instantes era: «La metáfora
es un tema muy viejo». Un tema (o un sujeto) es a la vez
algo seguro y dudoso, según el sentido en el que se des-
place esa palabra —*sujet*— en su frase, su discurso, su
contexto y según la metaforicidad a la que se le someta a
él mismo, pues nada es más metafórico que ese valor de
sujeto. Dejo caer el sujeto para interesarme más bien en
su predicado, en el predicado del sujeto «sujeto» (o
«tema»), a saber, su edad. Si lo he llamado *viejo* es al
menos por dos razones.

Y aquí voy a comenzar: es otra manera de decir que
voy a hacer como mejor pueda para reducir el deslizamiento.

La primera razón es la extrañeza ante el hecho de
que un sujeto aparentemente tan viejo, un personaje o un
actor aparentemente tan cansado, tan desgastado, vuelva
hoy a ocupar la escena —y la escena occidental de este
drama— con tanta fuerza e insistencia desde hace algunos años, y de una forma, me parece, bastante nueva.
Como si quisiera reconstruirse una juventud o prestarse
a reinventarse, como el mismo o como otro. Esto podría
verse ya simplemente a partir de una sociobibliografía
que recensionase los artículos y los coloquios (nacionales e internacionales) que se han ocupado de la metáfora
desde hace aproximadamente un decenio, o quizás un
poco menos, y todavía en este año: en el curso de los
últimos meses ha habido al menos tres coloquios internacionales sobre el tema, si estoy bien informado, dos

en Estados Unidos y uno aquí mismo, coloquios internacionales e interdisciplinares, lo cual es también significativo (el de Davis en California tiene por título *Interdis-
ciplinary Conference on Metaphor*).

   ¿Cuál es el alcance histórico o historial (en cuanto
al valor mismo de historialidad o de epocalidad) de esta
preocupación y de esta convergencia inquieta? ¿De dónde
viene esta presión? ¿Qué está en juego? ¿Qué pasa hoy
con la metáfora? Otras tantas cuestiones de las que simplemente quisiera señalar su necesidad y su amplitud,
dando por supuesto que no podré hacer aquí más que
una pequeña señal en esa dirección. La asombrosa juventud de este viejo tema es considerable y a decir verdad
un poco apabullante. La metáfora —también en esto occidental— se retira, está en el atardecer de su vida. «Atardecer de la vida», para «vejez», es uno de los ejemplos
escogidos por Aristóteles, en la *Poética*, para la cuarta
especie de metáfora, la que procede *kata ton analogon*;
la primera, la que va del género a la especie, *apo genous
epi eidos*, tiene como ejemplo, como por azar: «He aquí
mi barco parado» (*neos de moi ed esteke*), «pues estar
anclado es una de las formas de estar parado». El ejemplo es ya una cita de la *Odisea*. En el atardecer de su
vida, la metáfora sigue siendo un tema muy generoso,
inagotable, no se lo puede parar, y yo podría comentar
indefinidamente la adherencia, la prepertenencia de cada
uno de estos enunciados a un corpus metafórico, e
incluso, de ahí el *re-tazo*, a un corpus metafórico de
enunciados a propósito de este viejo tema, de enunciados
metafóricos sobre la metáfora. Detengo aquí este movimiento.

   La otra razón que me ha atraído hacia la expresión
«viejo tema» es un valor de agotamiento aparente que
me ha parecido necesario reconocer una vez más. Un
viejo tema es un tema aparentemente agotado, desgastado hasta el hueso. Pero este valor de desgaste (*usure*),
y por lo pronto de uso (*usage*), este valor de valor de
uso, de utilidad, del uso o de la utilidad como ser *útil*

o como ser *usual*, en una palabra, todo ese sistema semántico que resumiré bajo el título del *uso* (*us*), habrá
desempeñado un papel determinante en la problemática
tradicional de la metáfora. La metáfora no es quizá sólo
un tema *desgastado* hasta el hueso, es un tema que habrá
mantenido una relación esencial con el *uso*, o con la
usanza (usanza es una vieja palabra, una palabra fuera
de uso hoy en día, y cuya polisemia requeriría todo un
análisis por sí misma). Ahora bien, lo que puede parecer
desgastado hoy en día en la metáfora es justamente ese
valor de *uso* que ha determinado toda su problemática
tradicional: metáfora muerta o metáfora viva.

    ¿Por qué, entonces, retornar al *uso* de la metáfora?
Y, ¿por qué, en ese retorno, privilegiar el texto firmado
con el nombre de Heidegger? ¿En qué se une esta cuestión del *uso* con la necesidad de privilegiar el texto heideggeriano en esta *época* de la metáfora, retirada que la
deja en suspenso y retorno acentuado del trazo que deli-
mita un contorno? Hay una paradoja que agudiza esta
cuestión. El texto heideggeriano ha parecido ineludible,
a otros y a mí mismo, cuando se trataba de pensar la
época mundial de la metáfora en la que decimos que estamos, mientras que el caso es que Heidegger sólo muy
alusivamente ha tratado de la metáfora como tal y bajo
ese nombre. Y esa escasez misma habrá significado algo.
Por eso hablo del *texto* heideggeriano: lo hago para subrayar con un trazo suplementario que para mí no se trata
simplemente de considerar las proposiciones enunciadas,
los temas y las tesis a propósito de la metáfora como tal,
el contenido de su discurso cuando trata de la retórica
y de este tropo, sino realmente de su escritura, de su
tratamiento de la lengua, y más rigurosamente, de su tratamiento del trazo, del trazo en todos los sentidos: más
rigurosamente todavía del trazo como palabra de su
lengua, y del trazo como encentadura (*entame*) que rasga
la lengua.

    Así, pues, Heidegger ha hablado bastante poco de la
metáfora. Se citan siempre dos lugares (*Der Satz vom*

Grund y *Unterwegs zur Sprache*) donde parece que toma posición en relación con la metáfora —o más exactamente en relación con el concepto retoricometafísico de metáfora—, y lo hace además como de pasada, brevemente, lateralmente, en un contexto donde la metáfora no ocupa el centro. ¿Por qué atribuirle a un texto tan elíptico, tan dispuesto aparentemente a eludir la cuestión de la metáfora, una tal necesidad en su realización efectiva en cuanto a lo metafórico? O también, reverso de la misma cuestión, ¿por qué un texto que inscribe algo decisivo en cuanto a lo metafórico se habrá mantenido tan discreto, escaso, reservado, retirado en cuanto a la metáfora como tal y bajo su nombre, bajo su nombre de alguna manera propio y literal? Pues si siempre se hablase metafóricamente o metonímicamente de la metáfora, ¿cómo determinar el momento en que ésta se convertiría en el tema propio, bajo su nombre propio? ¿Habría entonces una relación esencial entre esa retirada, esa reserva, esa retención y lo que se escribe, metafóricamente o metonímicamente, sobre la metáfora *bajo* la firma de Heidegger?

Habida cuenta de la amplitud de esta cuestión y de todos los límites con que nos encontramos aquí, empezando por el del tiempo, no voy a pretender plantearles más que una nota breve, e incluso, para delimitar aún más mi intervención, una *nota sobre una nota.* Espero poder convencerles de lo siguiente conforme vayamos avanzando: que la llamada de esta nota sobre una nota se encuentre en un texto firmado por mí, *La mitología blanca. La metáfora en el texto filosófico* no significa que me esté remitiendo ahí como un autor que se cita para prorrogarse indecentemente a sí mismo. Mi gesto es tanto menos complaciente, eso espero, porque es a partir de una cierta insuficiencia de esa nota de donde tomaré mi punto de arranque. Y lo hago por razones de economía, para ganar tiempo, con el fin de reconstruir muy rápidamente un contexto tan amplio y tan estrictamente determinado como resulte posible. Sucede, en efecto, que:

1) esta nota (19, *Marges*, pág. 269) concierne a Heidegger
y cita largamente uno de los principales pasajes en donde
aquél parece tomar posición en cuanto al concepto de
metáfora; 2) segundo rasgo contextual, esta nota viene
requerida por un desarrollo que concierne al *uso* (lo
usual, el uso, el desgaste) y el recurso a ese valor de *uso*
en la interpretación filosófica dominante de la metáfora;
3) tercer rasgo contextual: esta nota cita una frase de
Heidegger (*Das Metaphorische gibt es nur innerhalb der
Metaphysik*, «Lo metafórico sólo se da dentro de la metafísica»), que Paul Ricoeur «discute» —ésa es su palabra—
en *La metáfora viva*, precisamente en el *Octavo Estudio.
Metáfora y discurso filosófico*. Y esa frase, a la que llama
regularmente un *adagio*, Ricoeur la sitúa también en
«epígrafe», es de nuevo su expresión, para lo que define,
tras la discusión de Heidegger, como una «segunda nave-
gación», a saber, la lectura crítica de mi ensayo de 1971,
La mitología blanca. Prefiero citar aquí el tercer párrafo
de la introducción al *Octavo Estudio*:

> Debemos considerar una modalidad totalmente dife-
> rente —incluso inversa— de implicación de la filosofía
> en la teoría de la metáfora. Es inversa de la que hemos
> examinado en los dos párrafos anteriores, porque colo-
> ca los presupuestos filosóficos en el origen mismo de
> las distinciones que hacen posible un discurso sobre
> la metáfora. Esta hipótesis hace más que invertir el
> orden de prioridad entre metáfora y filosofía; invierte
> la manera de argumentar en filosofía. La discusión an-
> terior se habrá desplegado en el campo de las intencio-
> nes declaradas del discurso especulativo, incluso del
> ontoteológico, y no habrá puesto en juego más que el
> orden de sus razones. Para una «lectura» distinta, se
> da una colaboración entre el movimiento no confesado
> de la filosofía y el juego no percibido de la metáfora.
> Empleando como epígrafe la afirmación de Heidegger
> de que «lo metafórico no existe más que en el inte-
> rior de la metafísica», tomaremos como guía de esta
> «segunda navegación» la «mitología blanca» de Jacques
> Derrida (pág. 325; trad. cast., pág. 347).

Incluso sin contar con lo que nos implica conjunta-
mente a Paul Ricoeur y a mí mismo en este coloquio, los
tres elementos contextuales que acabo de recordar bas-
tarían para justificar que se vuelva aquí, una vez más, a
la breve frase de Heidegger, al mismo tiempo que me
comprometen a desarrollar la nota que le dediqué hace
siete u ocho años.

Me parece que Paul Ricoeur, en su discusión, no se
ha fijado en el lugar y el alcance de esta nota; y si me
permito llamar la atención sobre esto a título puramente
preliminar, no es en absoluto por espíritu polémico, para
defender o atacar posiciones, es sólo para aclarar mejor
las premisas de la lectura de Heidegger que intentaré a
continuación. Lamento tener que limitarme, por falta de
tiempo, a algunas indicaciones de principio: no me será
posible adecuar mi argumentación a toda la riqueza de
La metáfora viva, y dar testimonio así de mi reconoci-
miento a Paul Ricoeur por medio de un análisis detallado, aunque éste tuviese que acentuar el desacuerdo.
Cuando digo «desacuerdo», como se va a ver, estoy
simplificando. Su lógica es a veces desconcertante: con
frecuencia es porque suscribo ciertas proposiciones de
Ricoeur por lo que estoy tentado de protestar cuando veo
que me las contrapone como si no fuesen ya legibles en
lo que he escrito. Me limitaré, como ejemplo, a dos de los
rasgos más generales, de aquellos a los que se pliega toda
la lectura de Ricoeur, para resituar el lugar de un debate
posible, más que para abrirlo y todavía menos para ce-
rrarlo. Quien quisiera entrar en él dispone ahora a este
respecto de un corpus amplio y preciso.

Primer rasgo. Ricoeur inscribe toda su lectura de *La
mitología blanca* en dependencia de su lectura de Heidegger y del llamado «adagio», como si yo no hubiese intentado más que una extensión o una radicalización *continua* del movimiento heideggeriano. De ahí la función
del epígrafe. Todo ocurre como si yo hubiese simplemente generalizado lo que Ricoeur llama la «crítica restringida» de Heidegger y la hubiese extendido desmesurada-

mente, más allá de todo límite. Paso, dice Ricoeur, «de la crítica restringida de Heidegger a la "desconstrucción" sin límite de Jacques Derrida en *La mitología blanca*» (pág. 362; trad. cast., p. 386). Un poco más adelante, según el mismo gesto de asimilación o al menos de derivación continua, Ricoeur confía en la figura de un «núcleo teórico común a Heidegger y a Derrida, a saber, la supuesta connivencia entre la pareja metafórica de lo propio y lo figurado y la pareja metafísica de lo visible y lo invisible» (pág. 73; trad. cast., pág. 398).

Esta asimilación continuista o esta colocación en posición filial me han sorprendido. Pues es justamente a propósito de estas parejas y singularmente de la pareja visible/invisible, sensible/inteligible, por lo que en mi nota sobre Heidegger había señalado una reserva neta y sin equívoco; e incluso una reserva que, al menos en su literalidad, se asemeja a la de Ricoeur. Así, pues, veo que se me objeta, tras asimilación a Heidegger, una objeción cuyo principio había formulado yo mismo previamente. Hela aquí (perdónenme estas citas, pero son útiles para la claridad y la economía de este coloquio), está en la primera línea de la nota 19: «Esto explica la desconfianza que le inspira a Heidegger el concepto de metáfora [subrayo: *el concepto* de metáfora]. En *El principio de razón* insiste sobre todo en la oposición sensible/no-sensible, rasgo importante pero no el único ni sin duda el primero en llegar ni el más determinante del valor de metáfora».

¿No es esta reserva lo bastante neta como para excluir, en cualquier caso a propósito de este punto, tanto el «núcleo teórico común» (aparte de que no hay aquí, por razones esenciales, ni núcleo ni, sobre todo, núcleo teórico) como la connivencia entre las dos parejas consideradas? A este respecto me atengo a lo que se dice claramente en esta nota. Lo hago por mor de concisión, pues en realidad toda *La mitología blanca* pone en cuestión constantemente la interpretación corriente y corrientemente filosófica (incluida en Heidegger) de la metáfora como transferencia de lo sensible a lo inteligible, como también el privilegio atribuido a este tropo (incluido por parte de Heidegger) en la desconstrucción de la retórica metafísica.

Segundo rasgo. Toda la lectura de *La mitología blancaca* propuesta en *La metáfora viva* se anuda en torno a lo que Ricoeur distingue como «dos afirmaciones en el apretado entretejimiento de la demostración de Jacques Derrida» (pág. 362; trad. cast. modificada, pág. 386). Una de ellas sería, pues, ésta de la que acabamos de hablar, a saber, dice Ricoeur, «la unidad profunda de la transferencia metafórica y de la transferencia analógica del ser visible al ser inteligible». Acabo de subrayar que esa afirmación concerniría al *uso* y a lo que llama Ricoeur «la eficacia de la metáfora gastada». En un primer momento, Ricoeur había reconocido que el juego trópico de *La mitología blanca* a propósito de la palabra *«usure»* * no se limitaba al desgaste como erosión, empobrecimiento o extenuación, al desgaste del uso, de lo usado o de lo gastado. Pero después Ricoeur no sigue teniendo en cuenta lo que él mismo llama «una táctica desconcertante». Esta no responde a una especie de perversidad retorcida, manipuladora o triunfante por mi parte, sino a la estructura intratable en la que nos encontramos de antemano implicados y desplazados. Así, pues, Ricoeur no tiene a continuación nada en cuenta esa complicación y reduce todo mi objetivo a la afirmación que precisamente pongo en cuestión, lejos de asumirla, a saber, que la relación de la metáfora con el concepto y en general el proceso de la metaforicidad se podrían comprender bajo el concepto o el esquema del desgaste como devenir-usado o devenir-gastado, y no como usura en otro sentido, como producción de plusvalía según otras leyes que las de una capitalización continua y linealmente acumulativa; lo cual no sólo me ha llevado a otras regiones problemáticas (por decirlo rápidamente, psicoanalítica, económico-política, genea-

* «Usure» significa tanto «desgaste» como «usura» e «interés». [T.]

lógica en el sentido nietzscheano) sino también a desconstruir lo que hay ya de dogmatizado o de acreditado en
esas regiones. Ahora bien, Ricoeur dedica un largo análisis a criticar este motivo de la metáfora «gastada», a demostrar que «la hipótesis de una fecundidad específica
de la metáfora gastada está rebatida fuertemente por
el análisis semántico expuesto en los estudios anteriores [...] el estudio de la lexicalización de la metáfora, en
Le Guern por ejemplo, contribuye mucho a disipar el falso enigma de la metáfora gastada...».

También aquí es en la medida en que suscribo esa
proposición por lo que no estoy de acuerdo con Ricoeur
cuando me atribuye, para «rebatirlos», ésa es su expresión, enunciados que yo mismo había empezado poniendo
en cuestión. Ahora bien, he hecho eso constantemente en
La mitología blanca, e incluso, en un grado de explicación literal por encima de toda duda, desde el *Exergo*
(desde el capítulo titulado «Exergo»), y después de nuevo en el contexto inmediato de la nota sobre Heidegger,
en el párrafo mismo donde se encuentra la llamada de esa
nota. El *Exergo* anuncia realmente que no se trata de
acreditar el esquema del *uso*, sino más bien de desconstruir un concepto filosófico, una construcción filosófica
edificada sobre ese esquema de la metáfora gastada, o
que privilegia por razones significativas el tropo llamado
metáfora:

> Había también que someter a interpretación ese va-
> lor de *desgaste*. Este valor parece mantener un vínculo
> sistemático con la perspectiva metafórica. Se lo reen-
> contrará por doquiera que se privilegie el tema de la
> metáfora. Es también una metáfora que lleva consigo
> un *presupuesto continuista*: la historia de una metá-
> fora no tendría esencialmente el ritmo de un desplaza-
> miento, con rupturas, reinscripciones en un sistema
> heterogéneo, mutaciones, separaciones sin origen, sino
> la de una erosión progresiva, de una pérdida semántica
> regular, de un agotamiento ininterrumpido del sentido
> primitivo. Abstracción empírica sin extracción fuera

del suelo natal [...]. Este rasgo —el concepto de desgaste— no forma parte, sin duda, de una configuración histórico-teórica estrecha, sino, más seguramente, del concepto mismo de metáfora y de la larga secuencia metafísica que aquél determina o que lo determina. Es en ésta en lo que nos vamos a interesar para empezar (pág. 256).

La expresión «larga secuencia metafísica» lo señala bien, no se trataba para mí de considerar «*la*» metafísica como una unidad homogénea de un conjunto. No he creído nunca en la existencia o en la consistencia de algo así como *la* metafísica. Lo recuerdo para responder a otra sospecha de Ricoeur. Si me ha podido ocurrir, al tener en cuenta tal o cual fase demostrativa o tal situación contextual, que llegue a decir «la» metafísica, o «la» clausura de «la» metafísica (expresión que constituye el blanco a que apunta *La metáfora viva*), también he propuesto muy a menudo, en otros lugares pero también en *La mitología blanca*, la proposición según la cual no habría nunca «la» metafísica, no siendo aquí la «clausura» el límite circular que bordea un campo homogéneo sino una estructura más retorcida, estaría tentado de decir actualmente según otra figura: «invaginada». La representación de una clausura lineal y circular rodeando un espacio homogéneo es justamente —y éste es el tema en que más insisto— una autorrepresentación de la filosofía en su lógica ontoenciclopédica. Podría multiplicar las citas, a partir de *La différance*, donde se decía por ejemplo que el «texto de la metafísica» no está «rodeado sino atravesado por su límite», «señalado en su interior por el surco múltiple de su margen», «huella simultáneamente trazada y borrada, simultáneamente viva y muerta» (pág. 25). Me limito a estas pocas líneas de *La mitología blanca*, en las cercanías de la nota (pág. 274):

Cada vez que define la metáfora, una retórica implica no sólo una filosofía sino una red conceptual en la que se ha constituido la filosofía. Cada hilo, en esta red, configura, por añadidura, un *giro*, se diría una metáfora si esta noción no resultase aquí demasiado derivada. Lo definido está, pues, implicado en el definiente de la definición. Como es obvio, no se produce aquí ningún requerimiento de algún tipo de *continuum* homogéneo que remitiría sin cesar a la tradición a sí misma, tanto la de la metafísica como la de la retórica. Sin embargo, si no se comenzase prestando atención a tales presiones más permanentes, ejercidas a partir de una muy larga cadena sistemática, si no se hiciese el esfuerzo de delimitar su funcionamiento general y sus límites efectivos, se correría el riesgo de tomar los efectos más derivados por los rasgos originales de un subconjunto histórico, de una configuración identificada apresuradamente, de una mutación imaginaria o marginal. Mediante una precipitación empirista e impresionista hacia presuntas diferencias, de hecho hacia recortes principalmente lineales y cronológicos, se iría de descubrimiento en descubrimiento. ¡Una ruptura en cada paso! Se presentaría, por ejemplo, como fisionomía propia de la retórica del «siglo XVIII» un conjunto de rasgos (como el privilegio del nombre) heredados, aunque sin línea recta, con todo tipo de separaciones y de desigualdades de transformación, de Aristóteles o de la Edad Media. Nos encontramos remitidos aquí al programa, enteramente por elaborar, de una nueva delimitación de los corpus y de una nueva problemática de las firmas.

Como se ha apuntado entre paréntesis el «privilegio del nombre», aprovecho para subrayar que, al igual que Paul Ricoeur, he puesto en cuestión constantemente —en *La mitología blanca* y en otros lugares, con una insistencia que se puede considerar pesada pero que en todo caso no se puede descuidar— el privilegio del nombre y de la palabra, como también todas esas «concepciones semióticas que —dice con razón Ricoeur— imponen el primado de la denominación». A ese primado he contrapuesto regularmente la atención al motivo sintáctico, que domina en *La mitología blanca* (véase pág. 317, por ejemplo). Así, pues, una vez más me he visto sorprendido por verme

criticado por el lado al que yo ya había aplicado la crítica. Diría lo mismo y *a fortiori* para el problema del etimologismo o la interpretación del *idion* aristotélico si
tuviese tiempo. Todos estos malentendidos están vincula-
dos sistemáticamente con la atribución a *La mitología
blanca* de una tesis, y de una tesis que se confundiría con
el presupuesto contra el que me he esforzado, a saber, un
concepto de metáfora dominado por el concepto de desgaste como *estar-gastado* o *devenir-gastado*, con toda la
máquina de sus implicaciones. Dentro de la gama orde-
nada de estas implicaciones, se encuentra una serie de
oposiciones, y entre ellas precisamente la de la metáfora
viva y la metáfora muerta. Decir, como hace Ricoeur, que
La mitología blanca convierte a la muerte o a la metáfora
muerta en su consigna, es abusar al señalarla con algo de
lo que aquélla se desmarca claramente, por ejemplo cuando dice que hay dos muertes o dos autodestrucciones de
la metáfora (y cuando hay dos muertes, el problema de *la*
muerte es infinitamente complicado) o también, por ejemplo, por acabar con este aparente *pro domo*, en ese párrafo en el que se sitúa la llamada a esa nota que reclama
actualmente otra nota:

> Al valor de desgaste (*Abnutzung* [palabra de Hegel
> sobre la que, lejos de «apoyarme», como querría Ri-
> coeur, hago pesar el análisis desconstructivo: me apoyo
> sobre ella como sobre un texto pacientemente estudia-
> do, pero no me apoyo en ella]), cuyas implicaciones
> hemos reconocido ya, corresponde aquí la oposición
> entre metáforas efectivas y metáforas borradas. He
> aquí un rasgo casi constante de los discursos sobre la
> metáfora filosófica: habría metáforas inactivas a las que
> cabe negarle todo interés, puesto que el autor no pen-
> saba en ellas y el efecto metafórico se estudia en el
> campo de la conciencia. A la diferencia entre las metá-
> foras efectivas y las metáforas extinguidas corresponde
> la oposición entre metáforas vivas y metáforas muertas
> (págs. 268-269).

He dicho hace un momento por qué me parecía necesario, al margen de toda defensa *pro domo*, comenzar
resituando la nota sobre Heidegger que hoy quisiera
anotar y relanzar. Al mostrar hasta qué punto la lectura
de *La mitología blanca* por Paul Ricoeur, en sus dos premisas más generales, me parecía, digamos, demasiado
vivamente metafórica o metonímica, no pretendía, claro
está, ni polemizar, ni extender mis cuestiones a una amplia sistemática que no se limita ya a ese *Octavo Estudio*
de *La metáfora viva*, del mismo modo que *La mitología
blanca* no se encierra en las dos afirmaciones aisladas que
Ricoeur ha querido atribuirle. Por repetir la consigna
de Ricoeur, la «intersección» que acabo de situar no con-
centra en un punto toda la diferencia, o incluso el aleja-
miento inconmensurable de los trayectos que se atraviesan
en él, como unas paralelas, dirá en seguida Heidegger,
pueden cortarse en el infinito. Sería el último en rechazar
una crítica bajo pretexto de que es metafórica o metonímica o las dos cosas a la vez. De alguna manera toda
lectura lo es, y la división no pasa entre una lectura trópica y una lectura apropiada o literal, justa y verdadera,
sino entre capacidades trópicas. Así, dejando de lado
intacta en su reserva, la posibilidad de una lectura completamente diferente de los dos textos, *La mitología blanca* y *La metáfora viva*, me vuelvo en fin a la nota anunciada sobre una nota.

Se me impone ahora un problema al que le busco un
título lo más breve posible. Le busco, por economía,
un título tan formalizador y en consecuencia tan económico como sea posible: pues bien, ése es justamente la
economía. Mi problema es: la economía. ¿Cómo, de acuerdo con los condicionamientos, por lo pronto temporales,
de este coloquio, determinar el hilo conductor más unifi-
cador y más encabestrante posible a través de tantos
trayectos virtuales en el inmenso corpus, como suele
decirse, de Heidegger, y en su escritura encabestrada?
¿Cómo ordenar las lecturas, interpretaciones o reescri-
turas que estaría tentado de proponer sobre ella? Habría

podido escoger, entre tantas otras posibilidades, la que acaba de presentárseme bajo el nombre de encabestramiento, de entrelazamiento, que me interesa mucho y desde hace tiempo y en la que trabajo de otra manera en este momento. Bajo el nombre alemán de *Geflecht*, desempeña un papel discreto pero irreductible en *Der Weg zur Sprache* (1959) para designar ese entrelazamiento singular, único, entre *Sprache* (palabra que no traduciré, para no tener que escoger entre *lenguaje, lengua* y *habla*) y camino (*Weg, Bewegung, Bewegen*, etc.); entrelazamiento que liga y desliga (*entbindende Band*), hacia el que nos veríamos sin cesar propiamente remitidos, según un círculo que Heidegger nos propone pensar o practicar de otro modo que como regresión o círculo vicioso. El círculo es un «caso particular» del *Geflecht*. Al igual que el *camino*, el *Geflecht* no es una figura entre otras. Estamos ya implicados en ella, de antemano entrelazados, cuando queremos hablar de *Sprache* y de *Weg*: que están «de antemano ante nosotros» (*uns stets schon voraus*).

Pero tras una primera anticipación he debido decidir dejar este tema en suspenso: no habría sido lo bastante económico. Pero es de un modo económico como tengo que hablar aquí de economía. Por cuatro razones al menos, que enuncio algebraicamente.

a. Economía para articular lo que voy a decir con la otra posible trópica de la *usura* (*usure*), la del interés, de la plusvalía, del cálculo fiduciario o de la tasa usuraria, que Ricoeur ha designado pero ha dejado en la sombra, siendo así que le sobreviene como suplemento heterogéneo y discontinuo, como separación trópica irreductible a la del estar-gastado o usado.

b. Economía para articular esa posibilidad con la ley-de-la-casa y la ley de lo propio, *oiko-nomia*, lo que me había hecho reservar una suerte particular a los dos motivos de la luz y de la morada («Morada prestada», dice Du Marsais haciendo una cita en su definición metafórica de la metáfora: «La metáfora es una especie de Tropo;

la palabra de la que nos servimos en la metáfora está
tomada en otro sentido que el sentido propio: *está*, por
así decirlo, en una *morada prestada*, dice un antiguo; lo
cual es común y esencial a todos los Tropos.»).

   c. Economía para poner rumbo, si así puede decirse,
hacia ese valor de *Ereignis*, tan difícilmente traducible, y
cuya entera familia (*ereignen, eigen, eigens, enteignen*) se
cruza, de forma cada vez más densa, en los últimos textos
de Heidegger, con los temas de lo propio, la propiedad, la
apropiación o la des-apropiación, por una parte, y con el
de la luz, el claro, el ojo, por otra parte (Heidegger dice
que sobreentiende *Er-augnis* en *Ereignis*) y finalmente, en
su uso corriente, con lo que *viene* como acontecimiento:
¿cuál es el lugar, el tener lugar, el acontecimiento metafórico o el acontecimiento de lo metafórico? ¿Qué es lo
que ocurre, qué es lo que pasa, actualmente, con la metáfora?

   d. Economía, finalmente, porque la consideración
económica me parece que tiene una relación esencial con
esas determinaciones del paso y del abrirse-paso según
los modos de la trans-ferencia o de la tra-duc-ción (*Uber-
setzen*) que creo que se deben ligar aquí a la cuestión
de la transferencia metafórica (*Ubertragung*). Por mor de
esta economía de la economía he propuesto darle a este
discurso el título de suspensión, de *retirada*. No econo-
mías en plural, sino retirada.

   ¿Por qué retirada y por qué retirada de la metáfora?
   Estoy hablando en lo que llamo o más bien se llama
mi lengua o, de forma más oscura, mi «lengua materna».
En *Sprache und Heimat* (texto sobre Hebel de 1960 del
que tendríamos mucho que aprender a propósito de la
metáfora, del *gleich* de *Vergleich* y de *Gleichnis*, etc., pero
que se presta mal a la aceleración de un coloquio), Heidegger dice lo siguiente: en el «dialecto», otra palabra
para *Mundart*, en el idioma, se enraiza *das Sprachwesen*,
y si el idioma es la lengua de la madre, en él se enraiza
también «*das Heimische des Zuhaus, die Heimat*». Y aña-

de: «*Die Mundart ist nicht nur die Sprache der Mutter, sondern zugleich und zuvor die Mutter der Sprache*». De acuerdo con un movimiento cuya ley vamos a analizar, esa inversión nos inducirá a pensar que no sólo el *idion* del *idioma*, lo propio del dialecto, se da como la madre de la lengua, sino que, lejos de que sepamos antes de eso qué es una madre, es una inversión así lo que únicamente permite quizás aproximarse a la esencia de la maternidad. Lengua materna no sería una metáfora para determinar el sentido de la lengua sino el giro esencial para comprender lo que quiere decir «la madre».

¿Y el padre? ¿Y lo que se llama el padre? Este intentaría ocupar el lugar de la forma, de la lengua formal. Este lugar es insostenible y en consecuencia no puede *intentar* ocuparlo, hablando en la lengua del padre únicamente en esta medida, a no ser en cuanto a la forma. Es en suma ese lugar y ese proyecto imposibles lo que Heidegger designaría al comienzo de *Das Wesen der Sprache* bajo los nombres de «metalenguaje» (*Metasprache, Ubersprache, Metalinguistik*) o de Metafísica. Pues, finalmente, uno de los nombres dominantes para ese proyecto imposible y monstruoso del padre, como para ese dominio de la forma para la forma, es realmente Metafísica. Heidegger insiste en esto: «metalingüística» no «resuena» sólo como «metafísica», sino que es la metafísica de la «tecnificación» integral de todas las lenguas; aquélla está destinada a producir un «instrumento de información único, funcional e interplanetario». «*Metasprache* y *Sputnik*... son la misma cosa.»

Aun sin ahondar en todas las cuestiones que se acumulan aquí, señalaré en primer término que en «mi lengua» la palabra *retrait* se encuentra dotada de una polisemia bastante rica. De momento dejo abierta la cuestión de saber si esa polisemia está regulada o no por la unidad de un foco o de un horizonte de sentido que le prometa una totalización o una ensambladura en sistema. Esa palabra me viene impuesta por razones económicas (ley del *oikos* y del idioma de nuevo), teniendo en cuenta, o intentándolo, sus capacidades de traducción o de captura o de captación traductora, de traducción o traslación en el sentido tradicional e ideal: traslado de un significado intacto al vehículo de otra lengua de otra patria o matria; o también en el sentido más inquietante y más violento de una captura captadora, seductora y transformadora (más o menos regulada y fiel, pero, ¿cuál es entonces la ley de esta fidelidad violenta?) de una lengua, de un discurso y de un texto, por parte de otro discurso, de otra lengua y de otro texto que pueden al mismo tiempo, como va a ser aquí el caso, violar en el mismo gesto su propia lengua materna en el momento de importar a ella y de exportar de ella el *maximum* de energía y de información. La palabra *retrait* —a la vez intacta, y forzada, a salvo en mi lengua y simultáneamente alterada—, la he considerado la más propia para captar la mayor cantidad de energía y de información en el texto heideggeriano dentro de nuestro contexto aquí, y sólo en los límites de este contexto. Es esto lo que voy a intentar aquí con ustedes, poner a prueba, de una forma evidentemente esquemática y programática, esa transferencia (al mismo tiempo que su paciencia). Empiezo.

I. *Primer rasgo*. Vuelvo a arrancar de esos dos pasajes aparentemente alusivos y digresivos en donde Heidegger pantea muy rápidamente la pertenencia *del* concepto de metáfora, como si no hubiese más que uno, a *la* metafísica, como si no hubiese más que una, y como si toda ella fuese una unidad. El primer pasaje, lo he recordado hace un momento, es el que cito en la nota (*Das Metaphorische gibt es nur innerhalb der Metaphysik*). El otro, en la conferencia triple *Das Wesen der Sprache* (1957), dice concretamente: «*Wir blieben in der Metaphysik hängen, wollten wir dieses Nennen Hölderlins in der Wendung "Worte wie Blumen" für eine Metapher halten*» (pág. 207); («Seguiríamos dependiendo de la metafísica si quisiéramos considerar como una metáfora esa denominación de Hölderlin en el giro "palabras como flores".»).

A causa sin duda de su forma unívoca y sentenciosa, estos dos pasajes han constituido el único foco de la discusión que se ha entablado de la metáfora en Heidegger, por una parte en un artículo de Jean Greisch, «Les *mots et les roses, la metaphore chez Martin Heidegger*» (*Revue des Sciences théologiques et philosophiques*, 57, 1973), y después por otra parte en *La metáfora viva* (1975). Los dos análisis se orientan de forma diversa. El ensayo de Greisch se reconoce más próximo al movimiento emprendido por *La mitología blanca*. Sin embargo, los dos textos tienen en común los motivos siguientes, que señalo rápidamente sin repetir lo que ya he dicho antes acerca de *La metáfora viva*. El primer motivo sobre el que no me siento completamente de acuerdo pero sobre el que no me extenderé, por haberlo hecho ya y por tener que hacerlo de nuevo en otros lugares (particularmente en *Glas*, «Le sans de la coupure pure[1]», «Survivre[2]», etc.), es el motivo ontoantológico de la flor. Greisch y Ricoeur identifican lo que yo digo de las flores disecadas al final de *La mitología blanca* con lo que Heidegger le reprocha a Gottfried Benn que diga al transformar el poema de Hölderlin en «herbario» y en colección de plantas disecadas. Greisch habla de un parentesco entre la actitud de Benn y la mía. Y Ricoeur utiliza ese motivo del herbario como una transición hacia el tema de *La mitología blanca*. Por múltiples razones que no tengo tiempo de enumerar, leería eso de un modo completamente diferente. Pero en este instante me importa más el segundo de los dos motivos comunes a Greisch y a Ricoeur, a saber, que el poder metafórico del texto heideggeriano es más rico, más determinante que su tesis sobre la metáfora. La metaforicidad del texto de Heidegger desbordaría lo que éste dice temáticamente a modo de denuncia simplificadora, acerca del concepto llamado «metafísico» de la metáfora (Greisch, págs. 441 y sigs., Ricoeur, pág. 359). Suscribiría bastante de buen grado esa afirmación. Queda sin embar-

1. Recogido en *La verité en peinture*, Flammarion, 1979.
2. Recogido en *Parages*, Galilée, 1986.

go por determinar el sentido y la necesidad que ligan entre sí esa denuncia aparentemente unívoca, simplificadora y reductora del concepto «metafísico» de metáfora y
por otra parte la potencia aparentemente metafórica de
un texto cuyo autor no quiere ya que se comprenda como
«metafórico», precisamente, y tampoco bajo ningún concepto propio de la metalingüística o de la retórica, aquello que en ese texto pasa por alto y pretende pasar por
alto a la metáfora. La primera respuesta esquemática que
voy a proponer, bajo el título de la retirada, sería la siguiente. El concepto llamado «metafísico» de la metáfora
pertenecería a *la* metafísica en cuanto que ésta corresponde, en la epocalidad de sus épocas, a una *epoché*, dicho de
otro modo, a una retirada que deja en suspenso el ser, a
lo que se traduce frecuentemente por retirada, reserva,
abrigo, ya se trate de *Verborgenheit* (estar-oculto), de disi-
mulación o de velamiento (*Verhüllung*). El ser se retiene,
se esquiva, se sustrae, *se retira* (*sich entzieht*) en ese
movimiento de retirada que es indisociable, según Heidegger, del movimiento de la presencia o de la verdad. Al
retirarse cuando se muestra o se determina *como* o *bajo*
ese modo de ser (por ejemplo como *eidos*, según la separación o la oposición visible/invisible que construye el
eidos platónico), sea que se determine, pues, en cuanto
que *ontôs on* bajo la forma del *eidos* o bajo cualquier
otra forma, el ser se somete ya, *dicho de otro modo, por
así decirlo, sozusagen, so to speak*, a un desplazamiento
metafórico-metonímico. Toda la llamada historia de la
metafísica occidental sería un vasto proceso estructural
en el que la *epoché* del ser, al retenerse, al mantenerse
éste retirado, tomaría o más bien *presentaría* una serie
(entrelazada) de maneras, de giros, de modos, es decir, de
figuras o de pasos trópicos, que se podría estar tentado
de describir con ayuda de una conceptualidad retórica.
Cada una de estas palabras —forma, manera, giro, modo,
figura— estaría ya en situación trópica. En la medida de
esta *tentación*, «la» metafísica no sería solamente el recin-
to en el que se habría producido y encerrado *el* concepto

de *la* metáfora, por ejemplo a partir de una determinación del ser como *eidos*: ella misma estaría en situación trópica con respecto al ser o al pensamiento del ser. Esta metafísica *como* trópica, y singularmente como desvío metafórico, correspondería a una *retirada* esencial del ser: como no puede revelarse, presentarse, si no es disimulándose bajo la «especie» de una determinación epocal, bajo la especie de un *como* que borra su *como tal* (el ser *como* eidos, *como* subjetividad, *como* voluntad, *como* trabajo, etc.), el ser sólo podría nombrarse dentro de una separación metafórico-metonímica. Estaríamos tentados entonces de decir: lo metafísico, que corresponde en su discurso a la retirada del ser, tiende a concentrar, en la semejanza, todas sus separaciones metonímicas en una gran metáfora del ser o de la verdad del ser. Esa concentracción sería *la* lengua de *la* metafísica.

¿Qué pasaría entonces con la metáfora? Todo, la totalidad del ente. Pasaría lo siguiente: se la tendría que pasar por alto sin poder pasarla por alto. Y esto define la estructura de las retiradas que me interesan aquí. Por una parte, se debe poder pasarla por alto puesto que la relación de la metafísica (ontoteológica) con el pensamiento del ser, esa relación (*Bezug*) que señala la retirada (*Entziehung*) del ser, no puede ya llamarse —*literalmente*— metafórica, desde el momento en que su uso (y digo el uso, el hacerse-usual la palabra y no su sentido original, al que nadie se ha referido jamás, en todo caso yo no) se ha establecido a partir de esa pareja de oposición metafísica para describir relaciones entre entes. Como el ser no es nada, como no es un ente, no podrá decirse o nombrarse *more metaphorico*. Y en consecuencia no tiene, dentro de ese contexto del uso metafísico dominante de la palabra «metáfora», un sentido propio o literal que pudiera ser enfocado metafóricamente por la metafísica. Y entonces, si con respecto al ser no se puede hablar metafóricamente, tampoco puede hablarse de él propiamente o literalmente. Del ser se hablará siempre quasi metafóricamente, según una metáfora de metáfora, con la sobrecarga de un trazo suplementario, de un *re-trazo*. Un pliegue suplementario de la metáfora articula esa retirada, al repetir desplazándola la metáfora intrametafísica, aquella misma que se habrá hecho posible por la retirada del ser. La gráfica de esta retirada tomaría entonces el aspecto siguiente, que describo muy secamente:

1.   Lo que Heidegger llama *la* metafísica corresponde a una retirada del ser. En consecuencia, la metáfora en cuanto concepto llamado metafísico corresponde a una retirada del ser. El discurso metafísico, que produce y contiene el concepto de metáfora, es él mismo quasi metafórico con respecto al ser: es, pues, una metáfora que engloba el concepto estrecho-restringido-estricto de metáfora que, por sí mismo, no tiene otro sentido que el estrictamente metafórico.

2.   El discurso metafísico no puede ser desbordado, *en cuanto que* corresponde a una retirada del ser, a menos que lo sea conforme a una retirada de la metáfora *en cuanto que* concepto metafísico, conforme a una retirada de lo metafísico, una retirada de la retirada del ser. Pero como esa retirada de lo metafórico no deja el sitio libre a un discurso de lo propio o de lo literal, aquélla tendrá a la vez el sentido del re-pliegue, de lo que se retira como una ola en la playa, de un re-torno, de la repetición que sobrecarga con un trazo suplementario, con una metáfora de más, con un *re-trazo* de metáfora, un discurso cuyo reborde retórico no es ya determinable según una línea simple e indivisible, según un trazo lineal e indescomponible. Este trazo tiene la multiplicidad interna, la estructura plegada-replegada de un re-trazo. La retirada de la metáfora da lugar a una generalización abismal de lo metafórico —metáfora de metáfora en los dos sentidos— que ensancha los bordes o que más bien los invagina. Esta paradojicidad prolifera y sobreabunda en ella misma. De aquí saco sólo, muy rápidamente, dos conclusiones provisionales.

1. La palabra, hasta cierto punto «francesa», *retrait* (retirada), *no es demasiado abusiva*, creo que no lo es demasiado, si es que puede decirse eso de un abuso, para traducir la *Entziehung*, el *Sich-Entziehen* del ser, en cuanto que éste, al quedarse en suspenso, al disimularse, al sustraerse, al velarse, etc., se retira en su cripta. La palabra francesa conviene, en esta medida, la medida del «punto (no) demasiado abusivo» («*point trop abusif*») (una «buena» traducción debe ser siempre *abusiva*), para designar el movimiento esencial y en sí mismo doble, equívoco, que hace posible en el texto de Heidegger todo esto de lo que en este momento estoy hablando. La retirada del ser, su estar retirado, da lugar a la metafísica como ontoteología que produce el concepto de metáfora, que se produce y que se denomina de manera quasi metafórica. Para pensar el ser en su retirada, habría en consecuencia que dejar que se *produjera* o que se *redujera* una retirada de la metáfora que, sin embargo, al no dejar sitio a nada que sea *opuesto*, oponible a lo metafórico, extenderá sin límites y recargará con plusvalía suplementaria todo trazo metafórico. Aquí la palabra *re-trazo* (trazo de más para suplir la retirada sustrayente, *re-trazo* que dice al mismo tiempo, en un trazo, lo más y lo menos) no designa el retorno generalizador y suplementario si no es en una especie de violencia quasi catacrética, una especie de abuso que impongo a la lengua pero un abuso que espero superjustificado por necesidad de buena formalización económica. *Retirada* no es ni una traducción ni una no-traducción (en el sentido corriente) con respecto al texto heideggeriano; no es ni propio ni literal, ni figurado ni metafórico. «Retirada del ser» no puede tener un sentido literal o propio en la medida en que el ser no es *algo*, un ente determinado que se pueda designar. Por la misma razón, como la retirada del ser da lugar tanto al concepto metafísico de metáfora como a su retirada, la expresión «retirada del ser» no es *stricto sensu* metafórica.

2. Segunda conclusión provisional: a causa de esta

invaginación quiasmática de los bordes, y si la palabra *retirada* no funciona aquí ni literalmente ni por metáfora, no sé lo que quiero decir antes de haber pensado, si puede decirse, la retirada del ser *como* retirada de la metáfora. Lejos de proceder a partir de una palabra o de un sentido conocido o determinado (la retirada) para pensar qué pasa con ella en relación al ser y a la metáfora, yo no llegaré a comprender, entender, leer, pensar, dejar que se manifieste la retirada en general si no es a partir de la retirada del ser como retirada de la metáfora en todo el potencial polisémico y diseminador de la retirada. Dicho de otro modo: si se pretendiese que *retirada-de* se entendiera como una metáfora, se trataría de una metáfora curiosa, trastornadora, se diría casi *catastrófica*, catastrópica: tendría como objetivo enunciar algo nuevo, todavía inaudito, acerca del vehículo y no acerca del aparente tema del tropo. *Retirada-del-ser-o-de-la-metáfora* estaría en vías de permitirnos pensar menos el ser o la metáfora que el ser o la metáfora *de la retirada*, en vías de permitirnos pensar la vía y el vehículo, o su abrirse-paso. Habitualmente, usualmente, una metáfora pretende procurarnos un acceso a lo desconocido y a lo indeterminado a través del desvío por algo familiar reconocible. «El atardecer», experiencia común, nos ayuda a pensar la vejez, cosa más difícil de pensar o de vivir, como atardecer de la vida, etc. Según ese esquema corriente, nosotros sabríamos con familiaridad lo que quiere decir *retirada*, y a partir de ahí intentaríamos pensar la retirada del ser o de la metáfora. Pero lo que sobreviene aquí es que por una vez no podemos pensar el trazo del re-trazo si no es a partir del pensamiento de esa diferencia óntico-ontológica sobre cuya retirada se habría trazado, junto con el reborde de la metafísica, la estructura corriente del uso metafórico.

Tal catástrofe invierte, pues, el trayecto metafórico en el momento en que la metaforicidad, que ha llegado a hacerse desbordante, no se deja ya contener en su concepto llamado «metafísico». ¿Llegaría a producir esta catástrofe un deterioro general, una desestructuración del discurso —por ejemplo el de Heidegger—, o bien una simple conversión del sentido, que repetiría en su profundidad la circulación del círculo hermenéutico? No sé si esto es una alternativa, pero si lo es, no podría responder a esa cuestión, y no sólo por razones de tiempo. Un texto, por ejemplo el de Heidegger, lleva consigo y cruza necesariamente en él los dos motivos.

II. Subrayaré, pues, solamente —esto será el segundo gran *rasgo* anunciado— lo que une (su raya de unión o guión, si quieren ustedes) los enunciados de Heidegger acerca del concepto llamado metafísico de la metáfora, y por otra parte su propio texto en cuanto que parece más «metafórico» que nunca, o *quasi* metafórico en el momento justamente en que niega serlo. ¿Cómo es posible esto?

Para encontrar el camino, la forma del camino entre los dos, hay que reparar en lo que acabo de llamar la catástrofe generalizadora. Tomaré dos ejemplos de ésta entre otros posibles. Se trata siempre de esos momentos típicos en los que, al recurrir a fórmulas que se tendría la tentación de entender como metáforas, Heidegger precisa que no lo son, y lanza la sospecha sobre lo que creemos pensar como cosa segura y clara bajo aquella palabra. Este gesto no lo hace sólo en los dos pasajes citados por Ricoeur o Greisch. En la *Carta sobre el humanismo*, en un movimiento que no puedo reconstruir aquí aparece la frase: «*Das Denken baut am Haus des Seins*» («El pensamiento trabaja en [la construcción de] la casa del ser»), dado que el ensamblamiento del ser (*Fuge des Seins*) viene a asignar, a ordenar (*verfügen*) al hombre que habite en la verdad del ser. Y un poco más adelante, tras una cita de Hölderlin: «La expresión sobre la casa del ser (*Die rede vom Haus des Seins*) no es una metáfora (*Ubertragung*) que transfiera la imagen de "casa" hacia el ser, sino que [se sobreentiende: a la inversa] es a partir de la esencia del ser adecuadamente pensada (*sondern aus dem sachgemäss gedachten Wesen des Seins*) como podremos algún día pensar qué son "la casa" y "el habitar"».

«Casa del ser» no actuaría, en este contexto, a la manera de una metáfora en el sentido corriente, usual, es decir, literal de la metáfora, si es que lo hay. Este sentido corriente y cursivo —que entiendo también en el sentido de la dirección— trasladaría un predicado familiar (y aquí nada es más familiar, familiarizado, conocido, doméstico y económico, suele creerse, que la casa) hacia un sujeto menos familiar, más alejado, *unheimlich*, que se trataría de apropiárselo mejor, de conocerlo, de comprenderlo, y que se designaría así mediante el desvío indirecto por lo más próximo, la casa. Pero lo que pasa aquí, *con* la quasi metáfora de la casa del ser, y lo que pasa por alto *a* la metáfora en su dirección cursiva, es que el ser dejaría o prometería dejar pensar, a partir de su retirada misma, la casa o el hábitat. Cabría la tentación de utilizar todo tipo de términos y de esquemas técnicos tomados de tal o cual metarretórica para dominar *formaliter* lo que se asemeja, de acuerdo con una insólita *Ubertragung*, a una inversión trópica en las relaciones entre el predicado y el sujeto, el significante y el significado, el vehículo y la materia, el discurso y el referente, etc. Cabría la tentación de formalizar esa inversión retórica en la que, en el tropo «casa del ser», el ser nos dice más, o nos *promete* más sobre la casa que la casa sobre el ser. Pero se dejaría escapar entonces lo que pretende decir el texto heideggeriano en este lugar, lo que ese texto tiene, si se quiere, de más propio. Por medio de la inversión considerada, el ser no se ha vuelto lo propio de ese ente supuestamente bien conocido y familiar, próximo, eso que se creía que era la casa en la metáfora corriente. Y si la casa se ha vuelto un poco *unheimlich*, eso no es por haber sido reemplazada en el papel de lo más próximo por «ser». Así, pues, el asunto no está ahora en una metáfora en el sentido usual, ni en una simple inversión que permute los lugares de una estructura trópica usual. Tanto más porque este enunciado (que no es por otra parte un enunciado judicativo, una proposición corriente, del tipo constativo S *es* P) no es tampoco un enunciado entre otros

que se refiera a relaciones entre predicados y sujetos ónti-
cos. En primer lugar porque implica el valor económico
de la morada y de lo propio que intervienen con frecuencia o siempre en la definición de lo metafórico. Después,
aquel enunciado habla ante todo *del* lenguaje y, conse-
cuentemente, en éste, *de* la metaforicidad. En efecto, la
casa del ser, se habrá podido leer más arriba en la *Carta
sobre el humanismo*, es *die Sprache* (lengua o lenguaje):

> Lo único (*Das Einzige*) que el pensamiento que pre-
> tende expresarse por primera vez en *Sein und Zeit* qui-
> siera alcanzar, es algo simple (*etwas Einfaches*). En
> cuanto tal [simple, único], el ser permanece misterioso
> (*geheimnisvoll*), la proximidad simple de una potencia
> que no fuerza. Esta proximidad *west* [es, se esencia-
> liza] como *die Sprache selbst*...

Es otra manera de decir que no se podrá pensar la
proximidad de lo próximo (la cual, por su parte, no
es próxima o propia: la proximidad no es próxima, la propiedad no es propia) si no es a partir y dentro de la lengua. Y más abajo:

> Por eso hay que pensar *das Wesen der Sprache* a
> partir de la correspondencia con el ser y justamente
> como tal correspondencia, es decir, como *Behausung
> des Menschenwesens* (casa que alberga la esencia del
> hombre). Pero el hombre no es simplemente un ser vivo
> que, entre otras facultades, tenga también *die Sprache*.
> *Die Sprache* es más bien la casa del ser, habitando en
> la cual el hombre *eksiste*, en cuanto que pertenece,
> guardándola, a la verdad del ser.

Este movimiento no es ya simplemente metafórico.
1. Se refiere al lenguaje y a la lengua como elemento de
lo metafórico. 2. Se refiere al ser que no es nada y que
hay que pensar según la diferencia ontológica, la cual,
junto con la retirada del ser, hace posibles tanto la metaforicidad como su retirada. 3. No hay por consiguiente
ningún término que sea propio, usual y literal en la sepa-

ración sin separación de estas frases. A pesar de su traza
o su aspecto éstas no son ni metafóricas ni literales. Al
enunciar no literalmente la condición de la metaforicidad,
libera tanto la extensión ilimitada como la retirada de
aquélla. Retirada por medio de la cual aquello que se ale-
ja (*entfernt*) en lo no-próximo de la proximidad se retira
y se resguarda ahí. Como se dice al comienzo de *das
Wesen der Sprache*, no más metalenguaje, no más metalingüística, así, pues, no más metarretórica, no más metafísica. Siempre una metáfora más en el momento en
que la metáfora se retira ensanchando sus límites.

La huella de esta torsión, de esta alteración de la marcha y del paso, de este *desvío* del camino heideggeriano,
cabe reencontrarla siempre que Heidegger escribe, y escribe del camino. Se le puede seguir la pista y descifrarla
según la misma regla, que no es simplemente la de una
retórica o una trópica. Me limitaré a situar otra instancia
de esto, porque goza de algunos privilegios. ¿Cuáles?
1. En *Das Wesen der Sprache* (1957-1958) precede al pasaje citado más arriba acerca de «*Worte wie Blumen*». 2. No
concierne simplemente a la presunta metaforicidad de
ciertos enunciados acerca del lenguaje en general y, dentro de éste, acerca de la metáfora: apunta ante todo a un
discurso presuntamente metafórico que se refiere a la
relación entre pensamiento y poesía (*Denken und Dichten*). 3. Determina esa relación como *vecindad* (*Nachbars-
chaft*) según ese tipo de proximidad (*Nähe*) que se llama
vecindad, en el espacio de la morada y la economía de la
casa. Ahora bien, también ahí, llamar metáfora, como si
se supiese qué es ésta, a tal significación de vecindad entre poesía y pensamiento, proceder como si se estuviera
en primer término seguro de la proximidad de la proximidad y de la vecindad de la vecindad, eso es cerrarse a
la necesidad del otro movimiento. A la inversa, es renun-
ciando a la seguridad de lo que se cree reconocer bajo el
nombre de metáfora y de vecindad como cabrá aproximarse quizás a la proximidad de la vecindad. No es que
la vecindad nos sea extraña antes de ese acceso a la que se

da entre *Denken* y *Dichten*. Nada nos resulta más familiar que ella y Heidegger lo señala en seguida. Moramos y nos movemos en ella. Pero, y aquí está lo más enigmático de este círculo, hay que volver allí donde estamos sin estar propiamente (véase pág. 184 y *passim*). Heidegger acaba de llamar «vecindad» a la relación marcada por el «y» entre *Dichten* y *Denken*. ¿Con qué derecho, se pregunta entonces, hablar aquí de «vecindad»? El vecino (*Nachbar*) es aquel que habita en la proximidad (*in der Nähe*) de otro y con otro (Heidegger no explota la cadena *vicus veicus*, que remite quizás a *oikos* y al sánscrito *veca* [casa], lo señalo con reservas y provisionalmente). La vecindad es así una *relación* (*Beziehung*), estemos atentos a esta palabra, que resulta de que uno atrae (*zieht*) al otro a su proximidad para que se establezca en ésta. Alguien podría creer entonces que, tratándose de *Dichten und Denken*, esa relación, ese trazo que atrae al uno a la vecindad del otro, se denomina así según una «*bildliche Redeweise*» (forma figurada de hablar). Eso sería efectivamente tranquilizador. A menos, nota entonces Heidegger, que mediante eso hayamos dicho ya algo de la cosa misma, a saber, de lo esencial que queda por pensar, a saber, la vecindad, mientras que permanece todavía «indeterminado para nosotros qué es *Rede*, y qué es *Bild* y hasta qué punto *die Sprache in Bildern spricht*; e incluso si éste en general habla de esa manera».

III. Precipitando mi conclusión en este *tercer* y último *rasgo*, quisiera ahora llegar no a la última palabra, sino a esa misma palabra plural *rasgo* (*trait*). Y no llegar sino volver a ella. No a la retirada de la metáfora sino a lo que podría en principio parecer la metáfora de la retirada. ¿No habría en última instancia, detrás de todo este discurso, sosteniéndolo más o menos discretamente, retiradamente, una metáfora de la retirada que autorizaría a hablar de la diferencia ontológica y, a partir de ésta, de la retirada de la metáfora? A esta cuestión aparentemente un poco formal y artificial se podrá responder, también

muy rápidamente, que cuando menos eso confirmaría
la de-limitación de lo metafórico (no hay meta-metafó-
rico porque no hay más que metáforas de metáforas,
etc.) y confirmaría además lo que dice Heidegger del proyecto metalingüístico como metafísica, y de sus límites, o
de su imposibilidad. No me voy a contentar con esta forma de respuesta, aun cuando, en principio, sea suficiente.

Hay —y de forma decisiva en la instancia del «hay»,
del *es gibt* que así se traduce— hay el trazo, un trazarse
o un trazado del trazo que opera discretamente, subraya-
do por Heidegger pero cada vez en un lugar decisivo, y
lo bastante incisivo para dejarnos pensar que nombra
justamente la firma más grave, grabada, grabadora, de la
decisión. Dos familias por así decirlo, de palabras, nombres, verbos y sincategoremas, vienen a aliarse, a compro-
meterse, a cruzarse en este contrato del trazo en la lengua
alemana. Está por una parte la «familia» de *Ziehen* (*Zug,
Bezug, Gezüge, durchziehen, entziehen*), por otra parte la
«familia» de *Reissen* (*Riss, Aufriss, Umriss, Grundriss,*
etc.). Que yo sepa esto no se ha advertido nunca, o al
menos no se ha tematizado a la medida del papel que
juega ese cruce. Esto es más o menos un léxico, puesto
que llegará a nombrar el trazo o la tracción diferencial
como posibilidad del lenguaje, del *logos*, de la lengua y
de la *lexis* en general, de la inscripción hablada tanto
como de la escrita. Este quasi-archi-léxico se le impone
muy pronto a Heidegger, me parece a mí al menos, y bajo
la reserva de una investigación más sistemática, desde
El origen de la obra de arte (1935-1936). Pero con vistas a
esta primera localización, nos limitamos a tres tipos de
observaciones.

1.   Señalemos en primer lugar algo sobre el trazo *que
avecina*. La vecindad entre *Denken* y *Dichten* nos daba
acceso a la vecindad, a la proximidad de la vecindad, de
acuerdo con un camino que, al no ser más metafórico
que literal, replantearía la cuestión de la metáfora. Pero
el trazo que avecina, digamos, el trazo *que aproxima*, el

trazo propio que relaciona (*bezieht*) el uno con el otro *Dichten* (que no debe traducirse sin precauciones por *poesía*) y pensamiento (*Denken*) en su proximidad que avecina, que los *parte* y que los dos *com-parten*, ese trazo o rasgo común diferencial que los atrae recíprocamente, aun sellando su diferencia irreductible, ese trazo es el *trazo*: *Riss*, trazado que se abre paso haciendo una incisión, que desgarra, señala la separación, el límite, el margen, la marca (Heidegger nombra en alguna parte la marca fronteriza», «Mark» como límite, *Grenz, Grenzland*, pág. 171). Y este trazo (*Riss*) es un *corte* que se hacen, en alguna parte en el infinito, los dos vecinos, *Denken un Dichten*. En la entalladura de ese corte, se abren, podría decirse, el uno al otro, se abren desde su diferencia e incluso, por servirme de una expresión cuyo uso he intentado regular en otro lugar (en *Glas*), *se recortan* en su trazo y en consecuencia en su *retrazo* respectivo. Este trazo (*Riss*) de recorte relaciona al uno con el otro pero no pertenece a ninguno de los dos. Pero eso no es un trazo o rasgo común o un concepto general, ni tampoco una metáfora. Del trazo habría que decir que es más originario que los dos (*Dichten* y *Denken*), que entalla y recorta, que es su origen común y el sello de su alianza, manteniéndose en eso como singular y diferente de los dos, si un trazo pudiese ser algo, si pudiese ser propiamente y plenamente originario y autónomo. Pero un trazo, si bien abre el paso de una separación diferencial, no es ni plenamente originario y autónomo, ni, en cuanto que abre paso, puramente derivado. Y en la medida en que un tal trazo abre el paso de la posibilidad de nombrar en la lengua (escrita o hablada, en el sentido corriente de estas palabras), él mismo no es nombrable en cuanto que separación, ni literalmente, ni propiamente ni metafóricamente. *No tiene nada que se le aproxime en cuanto tal.*

Al final de la segunda parte de *Das Wesen der Sprache*, acaba de señalar Heidegger de qué modo, en el «*es gibt das Wort*» *es, das Wort, gibt*, pero de tal manera que la joya (*Kleinod*) del poema que se está leyendo (*Das*

Wort, Stefan George), que el poema da como un presente
y que no es sino una cierta relación de la palabra con la
cosa, esa joya innombrada, se retira (*das Kleinod entzieht
sich*). El *es gibt* retira lo que da, no da más que retirando;
y a quien sabe renunciar. La joya se retira en el «asombroso secreto», donde secreto (*geheimnisvoll*) viene a cua-
lificar lo asombroso (*das Erstaunende, was stauner lässt*)
y designa la intimidad de la casa como el lugar del retiro
(*geheimnisvoll*). Volviendo a continuación al tema de la
vecindad entre *Denken* y *Dichten*, a su alteridad irreductible, Heidegger llama a la diferencia entre ellos «tierna»,
delicada (*zart*) pero «clara», tal que no se debe dejar lugar
a ninguna confusión. *Denken y Dichten* son paralelos (*para
allelôn*), el uno al lado o a lo largo del otro, pero no sepa-
rados, si es que la separación significa «estar alejados en
la carencia de relación» (*ins Bezuglose abgeschieden*), no
sin la tracción de ese trazo (*Zug*), de ese *Bezug* que los
relaciona o que los traslada el uno hacia el otro.

   ¿Cuál es, pues, el trazo de ese *Bezug* entre *Denken* y
Dichten? Es el trazo (*Riss*) de una encentadura, de una
apertura que traza, *que se abre paso* (la palabra *Bahnen*
aparece frecuentemente en este contexto con las figuras
del *Bewegen*), de un *Aufriss*. La palabra encentadura
(*entame*), de la que me he servido mucho en otro momento, me parece la más apropiada para traducir *Aufriss*,
palabra decisiva, palabra de la decisión en este contexto,
de la decisión no «voluntaria», y que los traductores
franceses vierten bien por «trabajo que abre», bien por
«grabado».

   Encentadas, las dos paralelas se cortan en el infinito,
se recortan, se hacen una entalladura y se señalan de
alguna manera la una en el cuerpo de la otra, la una en
el lugar de la otra, el contrato sin contrato de su vecindad. Si las paralelas se cortan (*schneiden sich*) en el infinito (*im Un-endlichen*), ese corte, esa entalladura (*Schnitt*),
no se la hacen a sí mismas, sino que recortan sin tocarse,
sin afectarse, sin herirse. Solamente se encentan y son
cortadas (*geschnitten*) en la encentadura (*Aufriss*) de su

vecindad, de su esencia que avecina (*nachbarlichen We-sens*). Y por medio de esa incisión que las deja intactas, aquéllas quedan *eingezeichnet, signées* («selladas»), dice la traducción francesa publicada: dibujadas, caracterizadas, asignadas, consignadas. *Diese Zeichnung ist der Riss*, dice entonces Heidegger. Este encenta (*er reisst auf*), traza abriéndola, *Dichten* y *Denken* en la aproximación del uno al otro. Esta aproximación no los acerca a partir de otro lugar donde estarían ya por sí mismos y de donde se dejarían atraer (*ziehen*) después. La aproximación es el *Ereignis* que remite *Dichten* y *Denken* a lo propio (*in das Eigene*) de su esencia (*Wesen*). El trazo de la encentadura, pues, señala el *Ereignis* como apropiación, acontecimiento de apropiación. No precede a los dos propios a los que hace venir a su propiedad, pues no es nada sin ellos. En este sentido no es una instancia autónoma, originaria, ella misma propia en relación a los dos que el trazo encenta y une. Como no es nada, ni aparece en sí mismo, ni tiene fenomenalidad alguna propia e independiente, y como no se muestra, se retira, está estructuralmente en retirada, como separación, apertura, diferenciabilidad, huella, reborde, tracción, fractura, etc. Desde el momento en que se retira saliéndose, el trazo es *a priori* retirada, inapariencia, señal que se borra en su encentadura.

Su inscripción, como he intentado por mi parte articular con la huella y con la *différance, no llega más que a borrarse.*

No llega y no adviene más que borrándose. A la inversa, el trazo no es derivado. No es secundario, en su llegada, en relación con los dominios, las esencias o las existencias que recorta, abre y repliega en su recorte. El *re-* del retrazo no es un accidente que sobreviene al trazo. Este se destaca permitiendo a toda propiedad destacarse, como se dice de una figura sobre un fondo. Pero no se destaca ni antes ni después de la encentadura que permite destacarse, ni sustancialmente ni accidentalmente, ni materialmente ni formalmente, ni según ninguna de las oposiciones que organizan el discurso llamado metafísico. Si «la» metafísica tuviese una unidad, ésta residiría en el régimen de esas oposiciones, el cual ni surge ni se determina si no es a *partir* de la retirada del trazo, de la retirada de la retirada, etc. El «a partir de» se abisma él mismo. Así, acabamos de reconocer la relación entre el *re-* de la retirada (que no expresa menos violentamente la repetición de la encentadura que la suspensión negativa del *Ent-ziehung* o del *Ent-fernung*) y el *Ereignen* del *es gibt* que focaliza todo el «último» pensamiento de Heidegger en ese trazo precisamente en el que el movimiento del *Enteignen* (des-propiación, retirada de propiedad) viene a cavar todo *Ereignis* («*Dieses enteignende Vereignen ist das Spiegelspiel des Gevierts*», *Das Ding*, pág. 172).

2.   Señalemos en segundo lugar la *performance*, o en un sentido muy abierto de esta palabra, el realizativo (*performatif*) de escritura por el que Heidegger nombra, llama *Aufriss* (encentadura) lo que decide, decreta o deja que se decida llamar *Aufriss*, lo que se llama según él *Aufriss* y cuya traducción bosquejo, según la tracción de un gesto igualmente realizativo, por *encentadura*. La decisión tajante de llamar *Aufriss* a lo que de una cierta manera se encontraba todavía innombrado o ignorado bajo ese nombre, es ya en sí misma una encentadura; aquélla no puede hacer otra cosa que nombrarse, autonombrarse, y encentarse en su propia escritura. Heidegger hace con frecuencia el mismo gesto, por ejemplo con *Dasein* al comienzo de *Sein und Zeit*. Nada de neologismo ni de metaescritura en el gesto que *hay* aquí.

He aquí lo que se firma y se encenta *bajo* la firma de Heidegger. Es en el momento en que, en *Der Weg zur Sprache*, acaba de sugerir que la unidad de la *Sprache* sigue manteniéndose *innombrada* (*unbennant*). Los nombres de la tradición han fijado siempre su esencia en tal o cual aspecto o predicado. Heidegger hace punto y aparte y abre un nuevo párrafo: «*Die gesuchte Einheit des Sprachwesens heisse der Aufriss*» («La buscada unidad

de la esencia de la *Sprache* se llama la encentadura»).
Heidegger no dice: yo decido arbitrariamente bautizarla
«encentadura», sino que «se llama», en la lengua que decide, encentadura. Y mejor, con ese nombre, eso no se
llama, eso nos llama a... Prosigamos: «*Der Name heisst
uns* [Este nombre apela a que nos] fijemos [*erblicken*,
como en *Satz vom Grund*, en el momento de la declara-
ción sobre la metáfora] más distintamente (*deutlicher*)
en lo propio (*das Eigene*) *des Sprachwesens. Riss is das-
selbe Wort wie ritzen* (Trazo es la misma palabra que
"rayar")» (págs. 251-252).

Ahora bien, prosigue Heidegger, frecuentemente sólo
conocemos el *Riss* bajo la forma «devaluada» (*abgewerte-
ten*) que tiene en expresiones como rayar una pared, des-
brozar y roturar un campo (*einen Acker auf-und-umreis-
sen*), para trazar surcos (*Furchen ziehen*) a fin de que el
campo albergue, guarde en él (*berge*) las simientes y
el crecimiento. La encentadura (*Aufriss*) es la totalidad de
los trazos (*das Ganze der Züge*), el *Gefüge* de esta *Zeichnung* (inscripción, grabación, firma) que *ensambla* (articula, separa y conserva junta) de parte a parte la apertura de la *Sprache*. Pero esta encentadura se mantiene
velada (*verhüllt*) en tanto que no se advierte propiamente
(*eigens*) en qué sentido se habla de lo hablado y del
hablar. El trazo de la encentadura está pues velado, retirado, pero es también el trazo que reúne y separa a la vez
el velamiento y el desvelamiento, la *retirada* y la *retirada
de la retirada.*

3. Acabamos de notar que el trazo hace contrato consigo mismo, retirándose, cruzándose, recortándose a través de esas dos circunscripciones vecinas del *Reissen* y
del *Ziehen*. El recorte cruza y une entre ellas, tras haber-
las atraído a la lengua, las dos genealogías heterogéneas
del trazo, las dos palabras o «familias» de palabras, de
«logias». En el recorte, el trazo se señala a sí mismo al
retirarse, llega hasta borrarse en otro, a reinscribirse en
éste *paralelamente*, en consecuencia, *heterológicamente*, y

alegóricamente. El trazo es retirada (*Le trait est retrait*).
Ni siquiera puede decirse ya *es*, no puede ya someterse la
retirada a la instancia de una cópula ontológica cuya posibilidad está condicionada por aquélla como por el *es gibt*.
Como hace Heidegger con *Ereignis* o *Sprache*, habría que
decir de forma no tautológica: el trazo trata o *se* trata,
traza el trazo, en consecuencia retraza y re-trata o retira
la retirada, hace contrato, se contrata y establece consigo mismo, con la retirada de sí mismo, un extraño contrato que no precede ya, por una vez, a su propia firma,
y *que en consecuencia la quita.* Todavía tenemos, aquí
mismo, que realizar encentar, trazar, tratar, acosar no
esto o aquello sino la captura misma de este cruce de una
lengua en otra, la captura (a la vez violenta y fiel, pasiva
sin embargo y que deja *a salvo*) de este cruce que une
Reissen y *Ziehen*, traduciéndolas ya *en* la llamada lengua
alemana. Esta captura afectaría al capturador mismo, al
que lo traduce a la otra, puesto que *retrait*, en francés,
no ha querido decir nunca, según el uso, re-trazamiento.
Para encentar esta captación comprensiva y este trato o
esta transacción con la lengua del otro, subrayaré todavía lo siguiente: que el trato *actúa,* está *actuando* ya en
la lengua del otro, diría en las lenguas del otro. Pues hay
siempre *más de una* lengua en *la* lengua. El texto de Heidegger en el que parece que por primera vez, que yo sepa,
se nombra (en el sentido de *heissen*) ese cruce del *Ziehen*
y del *Reissen*, es *El origen de la obra de arte,* en ese lugar
preciso donde la verdad se llama *no-verdad*: *Die Wahr-
heit ist Un-wahrheit.* En la no-retirada de la verdad como
verdad, en su *Unverborgenheit* el *Un* tacha, impide, pro-
híbe, hiende de una doble manera. La verdad es ese combate originario (*Urstreit*) en el que forma parte de la
esencia sufrir o resentir lo que Heidegger llama la *atracción* de la obra, el atractivo hacia la obra (*Zug zum
Werk*), como su insigne posibilidad (*ausgezeichnete Mö-
glichkeit*). La obra ha sido definida más arriba, en espe-
cial, como *sumballein* y *allegoreuein*. En esta atracción,
la verdad despliega su esencia (*west*) como combate entre

claro y reserva o retirada (*Verbergung*), entre mundo y tierra. Pero este combate no es un trazo (*Riss*) como *Aufreissen* que abre un simple abismo (*blossen Kluft*) entre los adversarios. El combate atrae a los adversarios dentro de la atracción de una pertenencia recíproca. En un trazo que los atrae hacia la procedencia de su unidad a partir de un fondo unificado, *aus dem einigen Grunde zusammen*. En este sentido es *Grundriss*: plan fundamental, proyecto, diseño, bosquejo, esbozo. Se imprimen entonces una serie de locuciones cuyo sentido corriente, usual, «literal» se diría, se encuentra reactivado al mismo tiempo que discretamente reinscrito, desplazado, vuelto a poner en juego en lo que actúa en este contexto. El *Grundriss* es *Aufriss* (encentadura y, en el sentido corriente, perfil esencial, esquema, proyecto) que dibuja (*zeichnet*) los trazos fundamentales (*Grundzüge*, y aquí se cruzan los dos sistemas de trazos para decir *trazo* en la lengua) del claro del ente. El trazo (*Riss*) no hace hendirse a los opuestos, atrae la adversidad hacia la unidad de un contorno (*Umriss*), de un marco, de un armazón (en el sentido corriente). El trazo es «*einheitliches Gezüge von Aufriss und Grundriss, Durch- und Umriss*», el conjunto unificado, ensamblado (*Ge-*) de los trazos concentrados, esas aparentes modificaciones o propiedades del *Riss* (*Auf-, Grund-, Durch-, Um-*, etc.), entre todos esos rasgos o trazos del trazo que no le sobrevienen como modificaciones predicativas a un sujeto, una sustancia o un ente (cosa que no es el trazo), sino que por el contrario abren la de-limitación, la de-marcación a partir de la cual el discurso ontológico sobre la sustancia, el predicado, la proposición, la lógica y la retórica pueden entonces destacarse. Interrumpo aquí arbitrariamente mi lectura, la corto de un trazo en el momento en que nos iba a llevar al *Ge-stell* de la *Gestalt* en el ensamblamiento (*Gefüge*) de la cual *der Riss sich fügt*.

Así, pues, el trazo no es nada. La encentadura del *Aufriss* no es ni pasiva ni activa, ni una ni múltiple, ni sujeto ni predicado, no separa más de lo que une. Todas las oposiciones de valor tienen su posibilidad en la diferencia, en el entre de su separación que concilia tanto como desmarca. ¿Cómo hablar de eso? ¿Qué escritura hay que inventar aquí? ¿Se dirá del léxico y de la sintaxis que circunscriben esta posibilidad en francés, en alemán o entre los dos, que son metafóricos? ¿Se los formalizará según algún otro esquema retórico? Cualquiera que sea la pertinencia, o la fecundidad de un análisis retórico que determinase todo lo que pase en un tal camino de pensamiento o de lenguaje, en ese abrirse paso del abrirse paso, habrá habido necesariamente una línea, *por otra parte dividida*, en la que la determinación retórica habrá encontrado en el trazo, es decir, en su retirada, su propia posibilidad (diferencialidad, separación *y* semejanza). Esta posibilidad no podrá ser estrictamente comprendida en su conjunto, en el conjunto que ella hace posible; y sin embargo ella no lo dominará. La retórica no podrá entonces enunciarse a sí misma y su posibilidad, más que desplazándose al trazo suplementario de una retórica de la retórica, y por ejemplo de una metáfora de la metáfora, etc. Cuando se dice trazo o retirada en un contexto en el que se trata de la verdad, «trazo» no es ya una metáfora de lo que creemos usualmente reconocer bajo esa palabra. No basta, sin embargo, con invertir la proposición y decir que la re-tirada de la verdad como no-verdad es lo propio o lo literal a partir de lo cual el lenguaje corriente estará en posición de separación, de abuso, de desvío trópico, bajo cualquier forma que sea. «Retrait» no es más propio, ni literal, que figurado. No se confunde ya con las palabras que él hace posibles, en su delimitación o recorte (incluidas las palabras francesas o alemanas que se han cruzado o injertado aquí), como tampoco es extraño a las palabras como una cosa o un referente. La retirada no es ni una cosa, ni un ente, ni un sentido. Se *retira* del ser del ente como tal y del lenguaje, sin que esté, ni sea dicho, en otra parte; *encenta* la diferencia ontológica misma. *Se* retira pero la ipseidad del *se* mediante la que se relacionaría consigo mismo con un trazo no la precede y supone ya un trazo suplementario para trazarse, firmar, retirar, trazar a su vez. *Retiradas* se escribe, pues, en plural, es singularmente plural en sí mismo, se divide y se reúne en la retirada de la retirada. Es lo que he intentado llamar también en otra parte *pas*.[3] De nuevo se trata aquí del camino, de lo que ahí pasa, lo pasa, pasa por ahí, o no.

¿Qué es lo que pasa?, habíamos preguntando al empezar este discurso. Nada, ninguna respuesta, sino que la retirada de la metáfora pasa a ésta por alto, y a sí misma.

3. Véase «Pas», en *Parages*, Galilée, 1986.

2. ENVIO

A principios de siglo, en 1901, el filósofo francés Henri Bergson, dedicó unas palabras a lo que llamó entonces «nuestra palabra *representación*», *nuestra* palabra *francesa* representación: «Nuestra palabra *representación* es una palabra equívoca que, de acuerdo con su etimología, no debería designar nunca un objeto intelectual que se presente al espíritu por primera vez. Habría que reservarla...», etc.

Abandono de momento estas palabras de Bergson. Las dejo esperando en el umbral de una introducción que propongo titular de la manera más simple *envío*, en singular.

La simplicidad y la singularidad de este envío designarán quizá la última implicación de las cuestiones que quisiera proponer a ustedes para someterlas también a su discusión.

Imaginen que el francés sea una lengua muerta. También habría podido decir: represéntense esto, el francés, una lengua muerta. Y que en algún archivo de piedra o de papel, en alguna cinta de microfilm, pudiéramos leer una frase. La leo aquí, sería la primera frase del discurso de envío de este congreso, ésta por ejemplo: «Se diría entonces que estamos en representación». Repito: «Se diría entonces que estamos en representación».

¿Estamos realmente seguros de entender lo que quiere decir eso actualmente? No nos apresuremos a creerlo. Quizás habrá que inventarlo o re-inventarlo: descubrirlo o producirlo.

He empezado deliberadamente dejando aparecer la palabra «representación» ya engastada en un idioma, engarzada en la singularidad de una locución («estar en representación»). Su traducción a otro idioma resultaría problemática, dicho de otra manera, no podría evitar dejar residuos.* No analizaré todas las dimensiones de este problema, me atengo a su señalización más aparente.

¿Qué sabemos, nosotros mismos, al pronunciar o al escuchar la frase que acabo de leer? ¿Qué sabemos de este idioma francés?

Al decir «nosotros», de momento, estoy designando la comunidad que se relaciona consigo misma como sujeto del discurso, comunidad de aquellos que dominan el francés, que se conocen como tales y se entienden hablando lo que llamamos *nuestra* lengua.

Ahora bien, lo que sabemos ya es que si estamos aquí, en Estrasburgo, *en representación*, este acontecimiento mantiene una relación esencial con un doble *cuerpo*, ya entiendan esa palabra en el sentido del corpus o en el de la corporación. Pienso por una parte en el cuerpo de la filosofía que a su vez puede considerarse como un corpus de actos discursivos o de textos, pero también como el cuerpo o la corporación de los sujetos, de las instituciones y de las sociedades filosóficas. Se considera que estamos aquí *representando* esas sociedades, de un modo o de otro, bajo tal forma o con tal grado de legitimidad. Nosotros seríamos sus *representantes*, más o menos bien acreditados, sus delegados, sus embajadores, sus emisarios, prefiero decir sus enviados. Pero por otra parte, esta representación mantiene también una relación esencial con el cuerpo o el corpus de la lengua francesa. El contrato que ha dado lugar a este XVIII congreso se estableció en francés entre sociedades filosóficas llamadas «de lengua francesa», y cuyo estatuto mismo se refiere a un área lingüística, a una diferencia lingüística que no coincide con una diferencia nacional.

Está claro que no podremos sustraer a nuestra discusión aquello que en esta circunstancia, en el acto filosófico o filosoficoinstitucional, depende de una lengua o de un grupo de lenguas llamadas latinas. Tanto menos de-

---

* Evidentemente, el autor, tanto aquí como en otros pasajes, se refiere siempre al idioma en el que escribe: el francés.

bemos sustraerlo a la discusión porque el tema escogido por esta institución, *la representación,* no se puede, y aún menos que otros, desprender o disociar de su instancia lingüística, o lexical, y sobre todo nominal, otros se apresurarían a decir de su representación nominal.

De la frase con la que se habría abierto un discurso como ése («Se diría entonces que estamos en representación»), y de la que he dicho que no voy a analizar todos sus recursos idiomáticos, retengamos al menos todavía esto: a los representantes más o menos representativos, a los enviados que se considera que somos, los evoca la frase bajo el aspecto y en el tiempo muy regulado de una especie de espectáculo, de exhibición o de *performance* discursiva, si no oratoria, en el curso de intercambios ceremoniosos, codificados, ritualizados. Estar en representación, para un enviado, es también en francés mostrarse, representar-de-parte-de, hacerse-visible-para, en una ocasión a la que se llama a veces manifestación para reconocer en ella, con esa palabra, algún tipo de solemnidad. El aparecer, entonces, no se produce sin aparato, en él se hace de repente señalable la presencia o la presentación, ésta se presta a quedar señalada en la representación. Y lo señalable produce un acontecimiento, una reunión consagrada, una fiesta o ritual destinada a renovar el pacto, el contrato o el símbolo. Pues bien, permítanme, al darle las gracias a nuestros anfitriones, que salude con alguna insistencia el lugar de lo que, aquí mismo, tiene lugar, el lugar de este tener-lugar. Este acontecimiento tiene lugar, gracias a la hospitalidad de una de nuestras sociedades, en una ciudad que, sin estar fuera de Francia, como fue a veces el caso, muy simbólicamente, no es tampoco sin embargo una ciudad cualquiera de Francia. Esta ciudad-frontera es un lugar de paso y de traducción, una marca, un sitio privilegiado para el cruce o la concurrencia entre dos inmensos territorios lingüísticos, dos de entre los mundos más habitados también por el discurso filosófico. Y se encuentra uno (al decir «se encuentra uno», dejo en reserva una ocasión del

idioma que vacila entre el azar y la necesidad) con que
al tratar de la representación, no podríamos en cuanto
filósofos encerrarnos en la latinidad. No será ni posible
ni legítimo ignorar el enorme alcance histórico de la traducción latino-germánica, de la relación entre la *re-praesentatio* y el *Stellen de la Vorstellung*, de la *Darstellung*
o del *Gestell*. Desde hace siglos, desde que un filósofo,
cualquiera que sea su área lingüística, se pregunta por
la *re-praesentatio*, el *Vor* o el *Dar-stellen*, y por cierto
desde los dos lados de la frontera, en las dos orillas del
Rin, se encuentra ya desde siempre cogido, sorprendido,
precedido, prevenido por la co-destinación soldada, la
co-habitación extraña, la contaminación y la co-traduc-
ción enigmática de esos dos léxicos. Lo filosófico —y son
sociedades *filosóficas* las que nos envían aquí como sus
representantes— no se puede encerrar ya en este caso en
la clausura de un solo idioma, sin que sin embargo flote,
neutro y desencarnado, lejos del cuerpo de toda lengua.
Dicho sencillamente, lo filosófico se encuentra de antemano atrapado en un cuerpo múltiple, en una dualidad
o en un duelo lingüístico, en la zona de un bilingüismo
que aquello no puede ya borrar sin borrarse a sí mismo.
Y uno de los numerosos pliegues suplementarios de este
enigma sigue la línea de esta traducción, y de esta tarea
del traductor. No es sólo que estemos en representación
como representantes, delegados o lugartenientes enviados
a una asamblea decidida a tratar de la representación. El
problema de la traducibilidad, que no podremos evitar,
será también un problema de la representación. ¿Pertenece la traducción al orden de la representación? ¿Consiste aquélla en representar un sentido, el mismo contenido
semántico, por medio de otra palabra de otra lengua? ¿Se
trata en ese caso de una sustitución de estructura representativa? Y como ejemplo privilegiado, suplementario y
abismal, ¿desempeñan *Vorstellung, Darstellung*, el papel
de representaciones alemanas de la representación francesa (o más generalmente latina) o viceversa, es «representación» el representante pertinente de *Vorstellung* o

de *Darstellung*? ¿O bien escapa la relación llamada de traducción o de sustitución a la órbita de la representación,
y entonces cómo hay que interpretar ésta? Volveré a esta
cuestión, pero me contento con situarla aquí. Más de una
vez, para entregar el envío, cumpliendo muy mal con la
tarea que me han concedido el honor de asignarme, tendré que proceder así, y limitarme a reconocer, sin hacer
más, ciertos *topoi* que actualmente me parece que no
deberíamos evitar.

Supongan que el francés sea una lengua muerta. Creemos que sabemos distinguir una lengua muerta y que
disponemos a este respecto de criterios lo suficientemente rigurosos. Confiando en esa muy ingenua presunción,
represéntense una escena de desciframiento en este caso:
unos filósofos, atareados en torno a un corpus escrito,
una biblioteca o un archivo mudo, tendrían no sólo que reconstruir una lengua francesa, re-inventada, sino que
tendrían al mismo tiempo que fijar el sentido de ciertas
palabras, establecer un diccionario, o al menos fichas de
diccionario. Por ejemplo para la palabra *representación*,
cuya unidad nominal habría quedado identificada en algún momento. Sin otro contexto que el de los documen-
tos escritos, en ausencia de los sujetos llamados vivos e
interviniendo en ese contexto, el lexicólogo tendría que
elaborar un diccionario de palabras; se distinguen los
diccionarios de palabras y los diccionarios de cosas, un
poco como Freud había distinguido las representaciones
de palabras (*Wortvorstellungen*) y las representaciones de
cosas (*Sach-* o *Dingvorstellungen*). Confiando en la unidad de la palabra y en la doble articulación del lenguaje,
un léxico así tendría que clasificar los diferentes ítems
de la palabra «representación» en razón de su sentido
y de su funcionamiento en un cierto estado de la lengua,
habida cuenta de una cierta riqueza o diversidad de los
corpus, de los códigos, de los contextos. Se tiene que pre-
suponer entonces una unidad profunda de estos diferentes sentidos, y que una ley llega a regular esa multiplicidad. Un núcleo semántico mínimo y común justificaría

cada vez la elección de la «misma» palabra «representación» y quedaría justamente «representado» por esa
palabra en los contextos más diferentes. En el orden
político, se puede hablar de representación parlamentaria, diplomática, sindical. En el orden estético, se puede
hablar de representación en el sentido de la sustitución
mimética, especialmente en las artes llamadas plásticas,
y, de manera más problemática, de representación teatral
en un sentido que no es forzosamente ni únicamente re-
productivo o repetitivo sino para nombrar la representación (*Darstellung*) de una noche, la sesión, una exhibición,
una *performance*. Acabo de evocar dos códigos, el político
y el estético, dejando provisionalmente en suspenso las
demás categorías (metafísica, historia, religión, epistemología) inscritas en el programa de nuestro congreso. Pero
hay también toda clase de sub-contextos y de sub-códigos,
toda clase de *usos* de la palabra «representación» que
parece entonces significar imagen, eventualmente no-re-
presentativa, no-reproductiva, no-repetitiva, simplemente
presentada y puesta ante los ojos, la mirada sensible o la
mirada del espíritu, según la figura tradicional que se
puede también interpretar y sobredeterminar como una
representación de la representación. Más ampliamente,
se puede también buscar lo que hay de común entre las
ocurrencias nominales de la palabra «representación» y
tantas locuciones idiomáticas en las que el verbo «representar» o «representarse» no tiene el aire de modular
simplemente, al modo del «verbo», un *núcleo* semántico
que se podría identificar con el modo nominal de *la* representación. Si el nombre «representación», los adjeti-
vos «representante», «representativo», los verbos «representar» o «representarse» no son sólo las modulaciones
gramaticales de un único y mismo sentido, si núcleos de
sentido diferentes están presentes, actuando o produci-
dos, en esos modos gramaticales del idioma, entonces
realmente se le puede desear suerte al lexicólogo, al semántico o al filósofo, que intentase clasificar esas varie-
dades de «representación» y de «representar», y dar razón

de las variables o de las separaciones en relación con la identidad de un sentido invariante.

La hipótesis de la lengua muerta me sirve solamente de revelador. Aquélla exhibe una situación en la que un contexto no llega nunca a ser saturable para la determinación o la identificación de un sentido. Ahora bien, a este respecto la llamada lengua viva está estructuralmente en la misma situación. Si hay dos condiciones para fijar el sentido de una palabra o para dominar la polisemia de un vocablo, a saber, la existencia de un invariante bajo la diversidad de las transformaciones semánticas por una parte, y la posibilidad de determinar un contexto de forma saturante por otra parte, esas dos condiciones me parecen en todo caso tan problemáticas para una lengua viva como para una lengua muerta.

Y ésa es un poco, aquí mismo, nuestra situación, la de los que estamos en representación. Se pretenda o no un uso filosófico de la lengua llamada natural, la palabra «representación» no tiene el mismo campo semántico y el mismo funcionamiento que una palabra aparentemente idéntica (*representation* en inglés, *Repräsentation* en alemán) o que las diferentes palabras a las que se considera equivalentes en las traducciones corrientes (y una vez más, volveré a ello, *Vorstellung* no es aquí un ejemplo entre otros). Si queremos entendernos, si queremos saber de qué hablamos en torno a un tema verdaderamente común, tenemos ante nosotros dos tipos de grandes problemáticas. Por una parte podemos preguntarnos qué significa en nuestra lengua común el discurso que se apoya en la representación. Y entonces tendremos que hacer un trabajo que no es fundamentalmente diferente del propio del lexicólogo semántico que proyecta un diccionario de palabras. Pero por otra parte podemos pensar, presuponiendo un saber implícito y práctico en ese punto, y apoyándonos en un contrato o en un *consensus* vivo, que a fin de cuentas todos los sujetos competentes de nuestra lengua entienden bien esa palabra, que las variaciones son solamente contextuales y que ninguna oscuridad esen-

cial llega a ofuscar el discurso sobre la representación;
intentaríamos hacer, como suele decirse, el balance acerca de la representación actualmente, acerca de la cosa o
las cosas llamadas «representaciones» más que acerca
de las palabras mismas. Tendríamos como objetivo una
especie de diccionario filosófico razonado de las cosas más
que de las palabras. Presupondríamos que no puede haber ningún malentendido en cuanto al contenido y al
destino del mensaje denominado o del envío denominado
«representación». En una situación «natural» (como se
dice también lengua natural) siempre se podría corregir
la indeterminación o el malentendido, quiero decir los
malos efectos de la filosofía. Estos residirían en ese gesto
tan corriente y aparentemente tan profundamente filosófico: pensar lo que quiere decir un concepto en sí mismo,
pensar lo que es *la* representación, la esencia de la representación en general. En primer término este gesto lleva
la palabra a su mayor oscuridad, de forma muy artificial,
haciendo abstracción de todo contexto y de todo valor de
uso, como si una palabra se regulase sobre un concepto
al margen de todo funcionamiento conceptualizado y en
el límite al margen de toda frase. Reconocerán ustedes
ahí un tipo de objeción (llamémosle aproximadamente
«wittgensteiniano», y si quisiéramos desarrollarlo en el
curso del coloquio, no olvidemos que, en Wittgenstein, en
un momento dado de su trayectoria, ha ido acompañado
de una teoría de la representación en el lenguaje, una
teoría del cuadro que debe interesarnos aquí en lo que
pueda tener de «problemática»). En esta situación, un
coloquio de filósofos intenta siempre detener el vértigo
filosófico que les afecta muy cerca de su lengua, e intenta
hacerlo mediante un movimiento del que decía hace un
momento que era filosófico (filosofía contra filosofía) pero
que es realmente pre-filosófico, puesto que se actúa entonces como si se supiese lo que quiere decir «representación» y como si sólo hubiese que ajustar ese saber a
una situación histórica presente, distribuir los artículos,
los tipos o los problemas de la representación en regio-

nes diferentes pero pertenecientes al mismo espacio. Gesto a la vez muy filosófico y pre-filosófico. Se comprende la legítima preocupación de los organizadores de este congreso, más precisamente del Consejo científico que, para evitar, cito, «una dispersión demasiado grande», propone secciones para la distribución del tema (estética, política, metafísica, historia, religión, epistemología). «Evitar una dispersión demasiado grande» es aceptar una cierta polisemia con tal de que no sea excesiva y de que se preste a una regla, que se deje medir y dominar en esa lista de seis categorías o en esta enciclopedia como círculo de seis círculos o de seis jurisdicciones. Nada más legítimo, en teoría y prácticamente, que esa preocupación del Consejo científico. Sin embargo, esa lista de seis categorías resulta problemática, todo el mundo lo sabe. No se las puede colocar en el mismo plano, como si una no implicase o no recubriese nunca a otra, como si dentro de cada una de las categorías todo fuese homogéneo o como si esa lista fuese *a priori* exhaustiva. Y se representarán ustedes a Sócrates llegando en la madrugada de este simposio, ebrio, retrasado, y planteando su pregunta: «Me dice usted que hay la representación estética, y la política, y la metafísica y la histórica y la religiosa y la epistemológica, como si cada una fuese una entre otras, pero en fin, aparte de que quizás haya olvidado alguna, de que haya enumerado demasiado o demasiado pocas, no ha respondido a la cuestión: ¿qué es la representación *en sí misma en general*? ¿Qué es lo que hace que a todas esas representaciones se les llame con el mismo nombre? ¿Cuál es el *eidos* de la representación, el ser-representación de la representación?». Por lo que se refiere a ese esquema bien conocido de la cuestión socrática, lo que limita la posibilidad de esta ficción, es que por razones esenciales, cuestiones de lengua que no se pueden asignar a una simple región limitada, Sócrates no habría podido plantear ese tipo de cuestión acerca de la palabra «representación», y creo que tenemos que partir de esta hipótesis de que la palabra «representación» no traduce nin-

guna palabra griega de forma transparente, sin residuo,
sin reinterpretación y reinscripción histórica profunda.
Esto no es un problema de traducción, es el problema de
la traducción y del pliegue suplementario que señalaba
yo hace un momento. Antes de saber cómo y qué traducir por «representación», debemos preguntarnos por el
concepto de traducción y de lenguaje, concepto dominado
frecuentemente por el concepto de representación, ya se
trate de traducción interlingüística, intralingüística, (dentro de una única lengua) o incluso, recurriendo aquí por
comodidad a la tripartición de Jacobson, de traducción
intersemiótica (entre lenguajes discursivos y lenguajes
no-discursivos), en el arte por ejemplo. En cada caso nos
volvemos a encontrar el presupuesto o el deseo de una
identidad de sentido invariable, presente ya tras los usos
y que regule todas las variaciones, todas las correspon-
dencias, todas las relaciones interexpresivas (utilizo deliberadamente este lenguaje leibniziano, ya que lo que llama Leibniz la «naturaleza representativa» de la mónada
constituye esa relación constante y regulada de interex-
presividad). Esa relación representativa organizaría no
sólo la traducción de una lengua natural o filosófica a
otra, sino también la traducibilidad de todas las regiones, por ejemplo también de todos los contenidos distri-
buidos en las secciones previstas por el Consejo científico. Y la unidad de este tablero de las secciones estaría
asegurada por la estructura representativa del tablero.

Esta hipótesis o este deseo serían justamente los de
la representación, los de un lenguaje representativo cuyo
destino sería representar algo (representar en todos los
sentidos de la delegación de presencia, de la reiteración
que hace presente una vez más sustituyendo con una
presentación otra *in absentia*, etc.). Un lenguaje así
representaría algo, una sentido, un objeto, un referente, o incluso ya otra representación en cualquier sentido
que sea, los cuales serían *anteriores* y *exteriores* a ese
lenguaje. Bajo la diversidad de las palabras de lenguas
diversas, bajo la diversidad de los usos de la misma pa-

labra, bajo la diversidad de los contextos o de los sistemas sintácticos, el mismo sentido o el mismo referente, el mismo contenido representativo conservarían su identidad inencentable. El lenguaje, todo lenguaje sería representativo, sistema de representantes, pero el contenido representado, lo representado de esta representación (sentido, cosa, etc.) sería una *presencia* y no una representación. Lo representado (el contenido representado) no tendría, a su vez, la estructura de la representación, la estructura representativa del representante. El lenguaje sería un sistema de representantes o también de significantes, de lugartenientes que sustituyen aquello que dicen, significan o representan, y la diversidad equívoca de los representantes no afectaría a la unidad, la identidad, o incluso la simplicidad última de lo representado. Ahora bien, es sólo a partir de esas premisas —a saber, un lenguaje como sistema de representación— como se habría montado la problemática que nos preocupa. Pero determinar el lenguaje como representación, no es el efecto de un prejuicio accidental, una falta teórica o una manera de pensar, un límite o un cierre entre otros, justamente una forma de representación que ha sobrevenido un día y de la que podríamos deshacernos mediante una decisión llegado el momento. Se piensa mucho, actualmente, contra la representación. De forma más o menos articulada o rigurosa, se cede fácilmente a una evaluación: la representación es mala. Y eso sin que ni el lugar ni la necesidad de esa evaluación sean en última instancia determinables. Debemos preguntarnos cuál es ese lugar y sobre todo cuáles pueden ser los riesgos de todo orden (políticos en particular) para una evaluación tan repartida, repartida en el mundo pero también entre los campos más diversos, desde la estética a la metafísica (por volver a tomar las distinciones de nuestro programa), pasando por la política, donde el ideal parlamentario, con el que se vincula tan frecuentemente la estructura de la representación, no es ya muy movilizador, en el mejor de los casos. Y sin embargo, cualesquiera que sean la fuerza y la oscuridad de esta corriente dominante, la autoridad de la representación nos fuerza, se impone a nuestro pensamiento a través de toda una historia densa, enigmática, fuertemente estratificada. Esa autoridad nos programa, nos precede y nos previene demasiado como para que podamos hacer de ella un objeto, una representación, un objeto de representación frente a nosotros, ante nosotros como un tema. Incluso es bastante difícil plantear una cuestión sistemática e histórica a este respecto (una cuestión del tipo: «¿Cuál es el sistema y la historia de la representación?») desde el momento en que nuestros conceptos de sistema y de historia estarían precisamente marcados en su esencia por la estructura y el cierre de la representación.

Cuando se propone actualmente pensar qué pasa con la representación, al mismo tiempo la extensión de su reino y su puesta en cuestión, no se puede eludir, al margen de cómo se tenga en cuenta finalmente, ese motivo central de la meditación heideggeriana que intenta determinar una época de la representación en el destino del ser, época posthelénica en la que la relación con el ser habría sido fijada como *repraesentatio* y *Vorstellung*, en la equivalencia de una y otra. Entre los numerosos textos de Heidegger que tendríamos que releer aquí, tendré que limitarme a algún pasaje de *Die Zeit des Weltbildes* en *los Holzwege* («La época de la imagen del mundo», en *Sendas perdidas*). Ahí se pregunta Heidegger por qué es lo que mejor se expresa, qué significado (*Bedeutung*) alcanza expresión (*Ausdruck*) mejor que nada en la palabra *repraesentatio* así como en la palabra *Vorstellen* (pág. 84; trad. cast. pág. 81). Este texto data de 1938, y quisiera en primer término atraer vuestra atención hacia un rasgo particularmente actual de esta meditación. Concierne a la publicidad y a la publicación, a los medios de comunicación, a la tecnificación acelerada de la producción intelectual o filosófica (esto es, a su carácter justamente productivo), en dos palabras, a todo aquello que se podría colocar actualmente bajo el título de sociedad de la productividad, de la representación y del espectáculo, con todas las responsabilidades que eso reclama. Heidegger esboza en ese mismo lugar un análisis de la institución de investigación, de la universidad y de la publicación en relación con la instalación dominante del pensamiento representativo, de una determinación del aparecer o de la presencia como imagen-ante-sí o de una determinación de la imagen misma como objeto instalado ante (*vorgestellt*) un sujeto. Reduzco y simplifico excesivamente un cambio de pensamiento que se interesa en el asunto de la determinación del ente como objeto y del mundo como campo de objetividad para una subjetividad, siendo impensable la institucionalización del saber sin ese poner en representación objetiva. De paso, Heidegger evoca por otra parte la vida del intelectual convertido en «investigador» y que tiene que participar en congresos programados, del investigador vinculado a los «encargos de los editores, siendo estos últimos en adelante los que deciden qué libros deben escribirse o no». Heidegger añade ahí una nota que quiero leer en razón de su fecha y puesto que forma parte con pleno derecho de nuestra reflexión sobre la época de la representación:

> La creciente importancia de los editores tiene por fundamento no sólo la circunstancia de que ellos (quizás a través de los libreros) conozcan mejor que los autores el aspecto comercial. Más bien su propio trabajo tiene la forma de un proceder planificado que se organiza con vistas a cómo, mediante la edición solicitada y acordada de libros y obras, debe llevarse el mundo a la imagen de la publicidad (*ins Bild der Offentlichkeit*) y mantenérselo fijo en ella. El predominio de obras de recopilación, series de libros, entregas periódicas de libros y ediciones de bolsillo, es ya consecuencia de esa labor editorial que a su vez conviene a las intenciones del investigador, pues éste no sólo es conocido y apreciado más fácil y rápidamente en una serie o colección, sino que además puede influir en seguida en la orientación deseada en un frente más amplio (págs. 90-91; trad. cast., pág. 87).

He aquí ahora la articulación más sensible, que destaco
de un largo y difícil trayecto que no puedo reconstituir
aquí. Si se sigue a Heidegger, el mundo griego no tenía
relación con el ente como con una imagen concebida o
con una representación (aquí *Bild*). Allí el ente es presencia; y eso, en el origen, no por el hecho de que el hombre
mirase al ente y tuviese de éste lo que se llama una representación (*Vostellung*) como modo de percepción de
un sujeto. Igualmente, otra época (y es acerca de esa secuencia de las épocas o de las edades, *Zeitalter*, ordenadas de forma no teleológica, ciertamente, pero ordenadas
bajo la unidad de un destino del ser como *envío*, *Geschick*,
sobre lo que quisiera plantear más adelante una cuestión),
la Edad Media se relaciona esencialmente con el ente
como con un *ens creatum*. «Ser-un-ente» significa perte-
necer al orden de lo creado. Esto corresponde así a Dios
según la analogía del ente (*analogia entis*) pero nunca,
dice Heidegger, consiste el ser del ente en un objeto (*Gegenstand*) traído *ante* el hombre, fijado, detenido, disponible para el sujeto-hombre que tendría la representación
de aquél. Eso será la marca propia de la modernidad.
«Que el ente llegue a ser ente en la representación (literalmente en el ser-representando, *in der Vorgestellthei*),
es eso lo que hace que la época (*Zeitalter*) a la que le
ocurre esto sea una época nueva en relación con la precedente.» Es, pues, sólo en la modernidad (cartesiana y
poscartesiana) cuando el ente se determina como ob-jeto
ante y *para* un sujeto en la forma de la *repraesentatio* o
del *Vorstellen*. Heidegger analiza, pues, la *Vorgestelltheit
des Seienden*. ¿Qué quiere decir *Stellen* y qué quiere decir *Vorstellen*? Traduzco, o más bien, y por razones esenciales, tengo que acoplar las lenguas: «Es algo completamente distinto lo que, a diferencia de la concepción
griega, significa (*meint*) el representar moderno (*das neu-
zeitliche Vorstellen*), cuya significación (*Bedeutung*) llega
a su mejor expresión (*Ausdruck*) en la palabra *repraesentatio*. *Vorstellen bedeutet hier*, representar significa aquí:
das Vorhandene als ein Entgegenstehendes vor sich

*bringen, auf sich, den Vorstellenden zu, beziehen und in
diesen Bezug zu sich als den massgebenden Bereich
zurückzwingen,* hacer venir ante sí lo existente (que es ya
ante sí: *Vorhandene*) en cuanto algo que hace frente, re-
lacionarlo consigo, con el que lo representa, y reflejarlo
en esa relación consigo en cuanto región que establece
la medida» (pág. 84). Es el sí mismo, aquí el sujeto-hombre, el que en esta relación es la región, el dominio y la
medida de los objetos como representaciones, sus pro-
pias representaciones.

Así, pues, Heidegger se sirve de la palabra latina
repraesentatio y se instala inmediatamente en la equivalencia entre *repraesentatio* y *Vorstellung.* Eso no es ilegíti-
mo, todo lo contrario, pero requiere alguna explicitación.
En cuanto que «representación», en el código filosófico o
en el lenguaje corriente, *Vorstellung* parece no implicar
inmediatamente el valor que se aloja en el *re-* de la *repraesentatio. Vorstellen* parece querer decir solamente,
como subraya Heidegger, poner, disponer ante sí, una especie de tema sobre el tema. Pero ese sentido o ese valor
del ser-ante está ya actuando en «presente». La *praesentatio* significa el hecho de presentar, y la *repraesentatio*
el hecho de *volver* presente, de hacer-venir como poder-
de-hacer-volver-a-venir, y ese poder-de-hacer-volver-a-venir-
a-la-presencia de forma repetitiva, conservando la disposición de esa indicación, está marcado a la vez en el
re-de la representación *y* en esa posicionalidad, ese poder-
poner, disponer, colocar, situar, que se lee en el *Stellen* y
que de golpe remite realmente a sí, es decir, al poder de
un sujeto que puede hacer que de nuevo venga a la presencia y que puede volver presente, volver para sí presente, o simplemente volverse presente. El volver-presen-
te se lo puede entender en dos sentidos al menos. Esta
duplicidad trabaja la palabra representación. Por una
parte, volver presente sería hacer venir a la presencia, en
presencia, hacer o dejar venir presentando. Por otra parte,
pero este segundo sentido habita el primero en la medida
en que hacer o dejar venir implica la posibilidad de ha-

cer o dejar venir de nuevo, volver pres
«volver» («*rendre*»), como toda restituci
poder repetir. De ahí la idea de repetic
que habita el valor mismo de represe
una palabra de la que no se hace uso
temática en este contexto, que es el «v
divide, significando *tan pronto*, en «volver presente», simplemente presentar, dejar o hacer venir a la presencia, en la presentación, *tan pronto* hacer o dejar venir de nuevo, restituir en un segundo momento a la presencia, eventualmente en efigie, espectro, signo o símbolo, lo que no estaba o ya no estaba ahí, pudiendo tener por otra parte ese *no* o *ya-no* una gran diversidad de modalidades. Ahora bien, ¿de dónde viene, en el lenguaje filosófico más o menos científico, esa determinación semántica de la *repraesentatio* como de algo que tiene su lugar *en el espíritu* y *para el espíritu*, en el sujeto y frente a él, en él y para él, objeto para un sujeto? Dicho de otro modo, ¿de qué forma sería contemporáneo de la época cartesiana y cartesiano-hegeliana del *subjectum* ese valor de *repraesentatio*, tal como lo afirma Heidegger? En la re-presentación, el presente, la presentación de lo que se presenta vuelve a venir, retorna como doble, efigie, imagen, copia, ·idea, en cuanto cuadro de la cosa disponible en adelante, en ausencia de la cosa, disponible, dispuesta y predispuesta para, por y en el sujeto. *Para, por* y *en*: el sistema de estas *preposiciones* marca el lugar de la representación o de la *Vorstellung*. El *re-* marca la repetición *en, para* y *por* el sujeto, *a parti subjecti*, de una presencia que, de otro modo, se presentaría al sujeto sin depender de él o sin tener en él su lugar propio. Sin duda el presente que así vuelve a venir tenía ya la forma de lo que es ante y para el sujeto, pero no estaba a su disposición en esta preposición misma. De ahí la posibilidad de traducir *repraesentatio* por *Vorstellung*, palabra que, en su liberalidad, y aquí por metáfora, cabría decir un poco rápidamente (pero dejo en suspenso ese problema), señala el gesto que consiste en poner, en hacer mantenerse de pie

ante sí, en instalar ante sí, en guardar a su disposición,
en localizar en la disponibilidad de la preposición. Y la
idealidad de la idea como copia en el espíritu es precisamente lo que hay de más disponible, de más repetible,
aparentemente de más dócil a la espontaneidad repro-
ductora del espíritu. El valor «*pre*», «estar ante», estaba
ya ciertamente presente en «presente». Se trata sólo del
poner a la disposición del sujeto humano que da lugar a
la representación, y ese poner a la disposición es justamente lo que constituye al sujeto en sujeto. El sujeto es
aquello que puede o cree poder darse representaciones,
disponerlas y disponer de ellas. Cuando digo «darse representaciones», podría decir también, cambiando apenas
de contexto, darse representantes (por ejemplo políticos)
o incluso, volveré sobre ello, darse a sí mismo en representación o como representante. Esta iniciativa posicio-
nal —que estará siempre en relación con un cierto concepto muy determinado de la libertad— la vemos marcada
en el *Stellen* de *Vorstellen*. Y tengo que contentarme con
situar *aquí*, en este lugar preciso, la necesidad de toda la
meditación heideggeriana sobre el *Gestell* y la esencia
moderna de la técnica.

Si *volver presente* se entiende como la repetición que
restituye gracias a un sustituto, nos reencontramos con
el *continuum* o la coherencia semántica entre la representación como idea en el espíritu que enfoca la cosa
(por ejemplo, como «realidad objetiva» de la idea), como
cuadro en lugar de la cosa misma, en el sentido cartesiano o en el sentido de los empiristas, y por otra parte la
representación estética (teatral, poética, literaria o plás-
tica) o en fin la representación política.

El hecho de que *haya* representación o *Vorstellung* no
es, según Heidegger, un fenómeno reciente y característico de la época moderna de la ciencia, de la técnica y
de la subjetividad de tipo cartesiano-hegeliano. Lo que
sí sería característico de esta época en cambio es la autoridad, la dominación general de la representación. Es la
interpretación de la esencia del ente como objeto de re-

presentación. Todo lo que deviene presente, todo lo que *es*, es decir, todo lo que es presente, se presenta, todo lo que sucede es aprehendido en la forma de la representación. La experiencia del ente deviene esencialmente re-presentación. *Representación* deviene la categoría más general para determinar la aprehensión de cualquier cosa que concierna o interese en una relación cualquiera. Todo el discurso poscartesiano e incluso posthegeliano, si no justamente el conjunto del discurso moderno, recurre a esa categoría para designar las modificaciones del sujeto en su relación con un objeto. La gran cuestión, la cuestión matricial, es entonces para esta época la del *valor* de la representación, la de su verdad o adecuación a lo que representa. E incluso la crítica de la representación o al menos su delimitación y su desbordamiento más sistemático —en Hegel al menos— no parece poner en cuestión la determinación misma de la experiencia como subjetiva, es decir, representacional. Creo que esto se podría ver en Hegel, el cual sin embargo recuerda regularmente los límites de la representación en cuanto que ésta es unilateral, procede sólo del lado del sujeto («esto no es todavía más que una representación», dice siempre en el momento de proponer una nueva *Aufhebung*). Volveré a esto en unos instantes. *Mutatis mutandis*, Heidegger diría lo mismo de Nietzsche, el cual sin embargo se ha encarnizado contra la representación. ¿Hubiera dicho otro tanto, si lo hubiese leído, de Freud, en el que los conceptos de representación, de *Vorstellung, Repräsentanz* e incluso *Vorstellungsrepräsentanz* desempeñan señaladamente un papel tan organizador en la oscura problemática de la pulsión y de la represión, y en el que, a través de vías más apartadas, el trabajo del duelo (introyección, incorporación, interiorización, idealización, otros tantos modos de *Vorstellung* y de *Erinnerung*), las nociones de fantasma y de fetiche conservan una estrecha relación con una lógica de la representación o del representar? Dejo en suspenso esta cuestión todavía por un momento.

Claro está, este reino de la representación, Heidegger

no lo interpreta como un accidente, aún menos como una
desgracia ante la que hubiese que replegarse frioleramen-
te. El final de *Die Zeit des Weltbildes* es muy nítido a este
respecto, desde el momento en que Heidegger evoca un
mundo moderno que empieza a sustraerse al espacio de
la representación y de lo calculable. Se podría decir en
otro lenguaje que una crítica o una desconstrucción de
la representación resultaría débil, vana y sin pertinencia
si llevase a algún tipo de rehabilitación de la inmediatez,
de la simplicidad originaria, de la presencia sin repetición ni delegación, si indujese a una crítica de la objetividad calculable, de la ciencia, de la técnica o de la
representación política. Ese prejuicio antirrepresentativo
puede impulsar las peores regresiones. Volviendo al propio discurso heideggeriano, precisaré algo que debe pre-
parar de lejos una cuestión orientada retrospectivamente
al cambio o la trayectoria de Heidegger. Como no es un
paso en falso accidental, ese reino de la representación
debe haber sido destinado, predestinado, *geschickte*, es
decir, literalmente enviado, dispensado, asignado por un
destino como conjunción de una historia (*Geschick, Geschichte*). El advenimiento de la representación debe haber sido preparado, prescrito, anunciado de lejos, emiti-
do, yo diría telefirmado en un mundo, el mundo griego, en
el que sin embargo no reinaba la representación, la
Vorstellung o la *Vorgestelltheit des Seienden*. ¿Cómo es
posible eso? La representación es ciertamente una imagen o una idea como imagen en y para el sujeto, una
afección del sujeto bajo la forma de una relación con el
objeto que está en aquél en tanto que copia, cuadro o
escena, una idea, si quieren ustedes, en un sentido más
cartesiano que espinosista, y dicho sea de paso, es sin
duda eso por lo que Heidegger se refiere siempre a Descartes sin nombrar a Espinosa —o a otros, quizá— para
designar esta época. La representación no es sólo esa
imagen, pero en la medida en que lo es, eso supone que
previamente el mundo se haya constituido en mundo visible, es decir, en imagen no en el sentido de la represen-

tación reproductiva, sino en el sentido de la manifestación de la forma visible, del espectáculo formado, informado, como *Bild*.

Ahora bien, si para los griegos, según Heidegger, el mundo no es esencialmente *Bild*, imagen disponible, forma espectacular que se ofrece a la mirada o a la percepción de un sujeto; si el mundo era en primer lugar presencia (*Anwesen*) que tiene cogido al hombre o está prendado de éste, más que presencia que esté a la vista, intuida (*angeschaut*) por él; si es más bien el hombre el que está investido y concernido por el ente, sin embargo ha sido realmente necesario que en los griegos se anunciase el mundo como *Bild*, y después como representación, y en eso consistió nada menos que el platonismo. La determinación del ser del ente como *eidos* no es todavía su determinación como *Bild*, pero el *eidos* (aspecto, vista, figura visible) sería la condición lejana, el presupuesto, la mediación secreta para que un día el mundo llegue a ser representación. Todo ocurre como si el mundo del platonismo (y, al decir el mundo del platonismo estoy excluyendo tanto que algo así como la filosofía platónica haya producido un mundo como que, a la inversa, aquélla haya sido la simple presentación como reflejo o como síntoma de un mundo que la sostiene) hubiese preparado, dispensado, destinado, enviado, puesto en vía o en camino el mundo de la representación: hasta nosotros, pasando por el relevo de las posiciones o de las postas de tipo cartesiano, hegeliano, schopenhaueriano, nietzscheano incluso, etc., es decir, el conjunto de la historia de la metafísica en su *presunta* unidad como unidad indivisible de un envío.

En todo caso, y sin ninguna duda para Heidegger, el hombre griego antes de Platón no habitaba un mundo dominado por la representación; y es con el mundo del platonismo como se anuncia y se envía la determinación del mundo como *Bild* que, a su vez, prescribirá, enviará el predominio de la representación. «Frente a eso (*Dagegen*), el que para Platón el ser-ente del ente (*die Seiend-*

hiet des Seienden) se determine como *eidos* (aspecto, vista, *Aussehen, Anblick*) es el presupuesto, dispensado (enviado) con una gran anticipación (*die weit woraus geschickte Voraussetzung*), y que desde hace tiempo reina, domina mediatamente, de forma oculta (*lang im Verborgenen mittelbar waltende*), para que el mundo haya podido llegar a ser imagen (*Bild*)» (pág. 84).

Así, el mundo del platonismo habría hecho el envío para el reino de la representación, habría destinado a éste, lo habría destinado sin estar sometido a su vez a él. Habría sido, en el límite de este envío, como el origen de la filosofía. Ya y todavía no. Pero ese ya-todavía-no debería ser el ya-todavía-no dialéctico que organiza toda la teleología de la historia hegeliana y en particular el momento de la representación (*Vorstellung*) que es *ya* lo que *no* es *todavía*, su propio desbordamiento. El *Geschick*, el *Schicken* y la *Geschichte* de los que habla Heidegger no son envíos del tipo representativo. La historialidad que constituyen no es un proceso representativo o representable, y para pensar esto es necesaria una historia del ser, del *envío* del ser que no esté ya regulada o centrada en la representación.

Así pues, queda aquí por pensar una historia que no sea ya de tipo hegeliano o dialéctico en general. Pues la crítica hegeliana o neohegeliana de la representación (*Vorstellung*) parece que ha sido siempre un relevo (*Aufhebung*) de la representación que mantiene a ésta en el centro del devenir, como la forma misma, la estructura formal más general del relevo de un momento a otro, y esto además en/ la forma presente del-ya-todavía-no. Así, aunque se podrían multiplicar los ejemplo,s entre la religión estética y la religión revelada, entre la religión Así, aunque se podrían multiplicar los ejemplos, entre la *Vorstellung* lo que marca el límite que hay que relevar. El sintagma típico es entonces el siguiente: esto no es *todavía* más que una representación, es *ya* la etapa siguiente, pero está *todavía* en la forma de la *Vorstellung*, no es más que la unilateralidad subjetiva de una repre-

sentación. Pero la forma «representativa» de esta subjetividad está solamente *relevada*, el caso es que sigue dán-
dole su forma a la relación con el ser después de su
desaparición. Es en este sentido y de acuerdo con esa
interpretación del hegelianismo —al mismo tiempo fuerte y clásica— por lo que éste pertenecería a la época de
la subjetividad y de la representacionalidad (*Vorgestelltheit*) del mundo cartesiano.

Lo que quiero retener de los dos últimos puntos que
acabo de evocar demasiado superficialmente es que, para
empezar a pensar las múltiples implicaciones de la palabra «representación» y la historia, si es que la hay y si
es que ésta es unitaria, de la *Vorgestelltheit*, la condición
mínima sería la de suprimir dos presupuestos, el de un
lenguaje de estructura representativa o representacional
y el de una historia como proceso escandido según la forma o el ritmo de la *Vorstellung*. No se debe ya pretender
representarse la esencia de la representación, la *Vorgestelltheit* no es sólo una *Vorstellung*. Y no se presta a
ésta. Es en cualquier caso por medio de un gesto de este
tipo como Heidegger interrumpe o descalifica, en diferentes dominios, la reiteración especular o el remitir al infinito.

Este paso de Heidegger no conduce sólo a pensar la
representación como lo que ha llegado a ser el modelo de
todo pensamiento del sujeto, de toda idea, de toda afección, de todo lo que le sucede al sujeto y lo modifica en
su relación con el objeto. El sujeto no está ya sólo definido en su esencia como el lugar y el emplazamiento de
sus representaciones. El mismo, como sujeto y en su
estructura de *subjectum*, queda aprehendido *como un
representante*. El hombre, determinado en primer término
y sobre todo como sujeto, como ente-sujeto, se encuentra
a su vez interpretado de parte a parte según la estructura
de la representación. Y a este respecto, aquél no es sólo
sujeto representado por ejemplo en el sentido en que,
todavía en la actualidad, y de un modo u otro, se puede
decir del sujeto que está representado, por ejemplo por

medio de un significante para otro significante: «El sujeto —dice Lacan— es aquello que el significante representa (...) para otro significante». «Posiciones del inconsciente», *Ecrits*, pág. 835.) Toda la lógica lacaniana del
significante trabaja también con esta estructuración del
sujeto por medio de, y como, la representación: sujeto
«enteramente calculable», dice Lacan, desde el momento
en que «se reduce a la fórmula de una matriz de combi-
naciones significantes» («La ciencia y la verdad», *Ecrits*,
pág. 860). Lo que de tal manera asigna el reino de la
representación al reino de lo calculable es, justamente, el
tema de Heidegger, quien insiste en el hecho de que sólo
la calculabilidad (*Berechenbarkeit*) garantiza la servidum-
bre anticipada de lo que hay *que representar* (*des Vorzu-
stellenden*); y es hacia lo *incalculable* adonde pueden ser
desbordados los límites de la representación. Estructura-
do por la representación, el sujeto representado es también sujeto representante. Un representante del ente y en
consecuencia también un objeto, *Gegenstand*. La trayectoria que lleva a este punto sería esquemáticamente la
siguiente: por medio del *Vorstellen* o la *repraesentatio*
«modernas» el sujeto hace que el ente vuelva a venir ante
él mismo. El *re* que no tiene forzosamente valor de repetición significa al menos la disponibilidad del hacer-venir
devenir-presente como lo que está ahí, delante, pre-puesto.
El *Stellen* traduce el *re* en cuanto que designa la puesta
a disposición o la colocación, mientras que el *vor* tradu-
ciría el *prae* de *praesens*. Ni *Vorstellung* ni *repraesentatio*
podrían traducir un pensamiento griego sin arrastrar a
éste a otra parte, cosa que por otro lado hace toda traducción. Se ha llegado a que, por ejemplo en francés, se
traduzca *phantasia* o *phantasma* por representación; eso
hace un léxico de Platón, por ejemplo, y habitualmente
se traduce la *phantasia kataleptiké* de los estoicos por
«representación comprensiva». Pero eso sería suponer
anacrónicamente que el *subjectum* y la *repraesentatio*
sean posibles y pensables para los griegos. Heidegger discute ese supuesto y el apéndice 8 de *Die Zeit des Weltbil-*

des tiende a demostrar que el subjetivismo era algo ajeno al mundo griego, incluida la sofística: en ese mundo el ser era aprehendido como presencia, el aparecer en la presencia y no en la representación. *Phantasia* designa un modo de ese aparecer que no es representativo. «En el desocultamiento (*Unverborgenheit*) *ereignet sich die Phantasie*, le alcanza a la *phantasia* su carácter propio, es decir, el llegar-a-aparecer (*das zum Erscheinen-Kommen*) del presente como tal (*des Anwesenden als eines solchen*) para el hombre que, por su lado, está presente para aquello que aparece» (pág. 98). Este pensamiento griego de la *phantasia* (cuyo destino y cuyos desplazamientos tendríamos que seguir aquí en su totalidad, hasta llegar a la problemática llamada moderna de la «ficción» y del «fantasma») no se orienta más que hacia la presencia, presencia del ente para presencia del hombre, sin que el valor de re-producción representativa o el de objeto imaginario (producido o reproducido por el hombre como representación) llegue a marcar el sentido de la *phantasia*. La enorme cuestión filosófica de lo imaginario, de la imaginación productiva o reproductiva, incluso aunque recupere, como en Hegel por ejemplo, el nombre griego de *Phantasie*, no pertenece al mundo griego sino que sobreviene más tarde, en la época de la representación y del hombre como sujeto representante: «*Der Mensch als das vorstellende Subjekt jedoch phantasiert*. El hombre como sujeto representante, en cambio, se entrega a la fantasía, es decir, se mueve en la *imaginatio* [es siempre la palabra latina la que marca el acceso al mundo de la representación], en la medida en que su representación (*sein Vorstellen*) imagina al ente como lo objetivo en el mundo en cuanto imagen concebida [el alemán sigue siendo indispensable: *insofern sein Vorstellen das Seiende als das Gegenständliche in die Welt als Bild einbildet*]».

¿Cómo es que el hombre que ha llegado a ser representante en el sentido de *Vorstellend* es también y al mismo tiempo representante en el sentido de *Repräsentant*, dicho de otro modo, no sólo alguien que tiene repre-

sentaciones, que se representa, sino alguien que a su vez
representa algo o alguna otra cosa? No sólo alguien que
se envía o se da a sí objetos, sino que es el enviado de
otra cosa o de lo otro. Cuando tiene representaciones,
cuando determina todo lo que existe como representable
en una *Vorstellung*, el hombre se establece dándose una
imagen del ente, se hace una idea de éstos, está en él (*Der
Mensch setzt über das Seiende sich ins Bild*, dice Heidegger). Desde ese momento él mismo se pone en escena,
dice literalmente Heidegger, *setzt er sich selbst in die
Szene*, es decir, en el círculo abierto de lo representable,
de la representación común y pública. Y en la frase siguiente, la expresión *puesta en escena* queda desplazada
o replegada; y, como en la traducción, *Übersetzen*, la
puesta (Setzen) no importa menos que la escena. Ponién-
dose o situándose en escena, el hombre se pone, se representa a sí mismo *como* la escena de la representación
(*Damit setzt sich der Mensch selbst als die Szene, in der
das Seiende fortan sich vorstellen, präsentieren, d. h. Bild
sein muss.*): con ello, el hombre se pone a sí mismo como
la escena en la que el ente debe en adelante representarse, presentarse, es decir, ser imagen. Y Heidegger concluye: «El hombre deviene el representante (esta vez *Repräsentant*, con toda la ambigüedad de la palabra latina)
del ente en el sentido de objeto (*im Sinne des Gegenstän-
digen*)».

Se vería así cómo se reconstituye la cadena consecuen-
te que remite de la representación como idea o realidad
o realidad objetiva de la idea (relación con el objeto) a
la representación como delegación, eventualmente política, y en consecuencia a la sustitución de sujetos identi-
ficables los unos con los otros y tanto más reemplazables
cuanto que son objetivables (y aquí tenemos el reverso
de la ética democrática y parlamentaria de la representación, a saber, el horror de las subjetividades calculables,
innumerables pero numerables, computables, las muche-
dumbres en los campos o en los ordenadores de las poli-
cías —estatales u otras—, el mundo de las masas y los

mass media que sería también un mundo de la subjetividad calculable y representable, el mundo de la semiótica, de la informática y de la telemática). La misma cadena, *si se le supone su consecuencia* y si se sigue, desarrollándolo, el motivo heideggeriano, atraviesa un cierto sistema de la representación política, pictórica, teatral o estética en general.

Algunos de ustedes considerarán quizá que esta referencia reverente a Heidegger es excesiva y, sobre todo, que el alemán se está haciendo un poco invasor para abrir un congreso de filosofía en lengua francesa. Antes de proponer algunos tipos de cuestión para los debates que van a abrirse, quisiera justificar de tres maneras este recurso a Heidegger y al alemán de Heidegger.

Primera justificación. La problemática abierta por Heidegger es, que yo sepa, la única que trata actualmente de la representación en su conjunto. Y ya tengo que exceder incluso esa fórmula: el trayecto o el paso, el camino de pensamiento llamado heideggeriano es aquí más que una problemática (pues una problemática o una *Fragestellung* debe todavía demasiado a la pre-posicionalidad representativa; es justo el valor mismo de *problema* lo que se presta aquí a ser pensado). Tenemos ahí algo más que una problemática y ésta concierne más que a un «conjunto»; en cualquier caso aquélla no concierne al conjunto o a la conjunción solamente como *sistema* o como *estructura*. Ese camino de pensamiento heideggeriano es el único que pone en relación la conjunción de la representación con este mundo de la lengua o de las lenguas (griego, latín y alemán) en donde aquélla se ha desplegado y el único en hacer de las lenguas una cuestión, una cuestión que no esté pre-determinada por la representación. Que la fuerza de esa conjunción en el camino de pensamiento heideggeriano abra otro tipo de problema y siga dejando que pensar, es precisamente lo que voy a intentar sugerir en seguida, pero creo que no es posible hoy en día desconocer, como se hace con demasiada frecuencia en las instituciones filosóficas francófonas, el espacio al que ha abierto paso Heidegger.

Segunda justificación. Si, al designar —y más no lo he podido hacer— la necesidad de la referencia a Heidegger, he hablado alemán con frecuencia, ha sido porque unos filósofos francófonos que se planteen la cuestión de la representación, deben sentir la necesidad filosófica de salir de la latinidad para pensar ese acontecimiento de pensamiento que se produce bajo la palabra *repraesentatio*. No salir por salir, para descalificar una lengua o para exilarse, sino para pensar la relación con su propia lengua. Por no indicar más que este punto, es verdad que esencial, lo que Heidegger sitúa «antes», si puede decirse así, de la *repraesentatio* o de la *Vorstellung* no es ni una presencia ni una *praesentatio* simple, ni una *praesentatio* sin más. Lo que con frecuencia se traduce en este contexto por presencia es *Anwesen, Anwesenheit,* cuyo prefijo, *en este contexto* (debo insistir en este punto) anuncia el llegar a desocultamiento, a aparición, a patencia, a fenomenalidad, más bien que la preposicionalidad del estar-ante objetivo. Y es sabido cómo a partir de *Sein und Zeit* el cuestionamiento que concierne a la presencia del ser se relaciona profundamente con el de la temporalidad, movimiento éste que la problemática latina de la representación, dicho sea demasiado de prisa, ha inhibido sin duda por razones esenciales. No basta con decir que Heidegger no apela en nosotros a la nostalgia de una presentación oculta bajo la representación. Incluso si persiste la nostalgia, ésta no lleva de nuevo a la presentación. Ni siquiera, añadiría yo, a la presunta simplicidad de la *Anwesenheit.* La *Anwesenheit* no es simple, está ya dividida y es diferente, marca el lugar de una escisión, de una división, de una disensión (*Zwiespalt*). Implicado en la abertura de esta disensión, y más bien a través de ella, bajo su requerimiento, el hombre se ve concernido por el ente, dice Heidegger, y ésa sería la esencia (*Wesen*) del hombre «durante la época griega». El hombre aspira entonces a reunir en el decir (*legein*) y a salvar, a conservar (*sozein, bewahren*), aun quedando expuesto al caos de la disensión. El teatro o la tragedia de esta disensión no pertenecerían todavía ni al espacio escénico de la presentación (*Darstellung*) ni al de la representación, sino que el pliegue de la disensión abriría, anunciaría, enviaría todo lo que después llegará a determinarse como *mimesis*, y luego imitación, representación, con todo el cortejo de las parejas opositivas que constituirá la teoría filosófica: producción / reproducción, presentación / representación, originario/derivado, etc. «Antes» de todas esas parejas, si puede decirse así, no habría habido jamás simplicidad presentativa, sino otro pliegue, otra diferencia impresentable, irrepresentable, *yectiva* quizá, pero ni objetiva, ni subjetiva, ni proyectiva. ¿Qué pasa con lo impresentable o lo irrepresentable? ¿Cómo pensarlo? Esta es ahora la cuestión, a ella volveré dentro de un instante.

Tercera justificación. Esta está flotando verdaderamente en el Rin. En principio, para este congreso de las sociedades de filosofía de lengua francesa en Estrasburgo sobre el tema de la representación, había pensado en tomar la medida europea del acontecimiento refiriéndome a lo que pasaba hace ochenta años, en el cambio de siglo, en el momento en que Alsacia estaba al otro lado de la frontera, si puede decirse así. En principio había pensado remitirme a lo que pasaba y a lo que se decía de la *representación* en la Sociedad francesa de Filosofía. En ésta el altercado lingüístico con el otro como alemán producía todo un debate para fijar el vocabulario filosófico francés, e incluso llegó a hacerse la propuesta de destruir la palabra filosófica francesa «representación», tacharla de nuestro vocabulario, ni más ni menos, ponerla fuera de uso puesto que no era más que la traducción de una palabra venida de más allá de la línea azul de los Vosgos; o en rigor, y poniendo buena cara a la mala fortuna histórica, «tolerar» el uso de esa palabra que es, se decía entonces con cierto resentimiento xenófobo, «apenas francesa».

Se encuentra el archivo de este corpus galocéntrico en el Boletín de la Sociedad francesa de Filosofía, a la que remite lo que se llama justamente el Vocabulario técnico y crítico de la filosofía de Lalande. En el muy denso artículo sobre la palabra «presentación» se ve formarse la propuesta de un doble rechazo, de la palabra *presentación* y de la palabra *representación*. En el curso de la discusión que tuvo lugar en la Sociedad de filosofía el 29 de mayo de 1901 a propósito de la palabra *«presentación»*, Bergson escribió lo siguiente: «Nuestra palabra representación es una palabra equívoca que, de acuerdo con su etimología, debería no designar nunca un objeto intelectual que se presente al espíritu por primera vez. Habría que reservarla para las ideas o las imágenes que llevan consigo la marca de un *trabajo* llevado a cabo con anterioridad por el espíritu. Eso permitiría entonces introducir la palabra presentación (empleada igualmente por la psicología inglesa) para designar de una manera general todo aquello que se le presenta pura y simplemente a la inteligencia». Esta propuesta de Bergson recomendando la autorización de la palabra *presentación* despertó dos tipos de objeciones del más alto interés. Leo: «No pongo objeción a que se emplee esa palabra (*presentación*); pero me parece muy dudoso que el prefijo *re-*, en la palabra francesa *representación*, haya tenido primitivamente un valor duplicativo. Este prefijo tiene otros muchos usos, por ejemplo en *recoger, retirar, revelar, requerir, recurrir*, etc. ¿No es su verdadero papel, en *representación*, más bien marcar la oposición del objeto y el sujeto, como en las palabras *revuelta, resistencia, repugnancia, repulsión*, etc.?» (Esta última cuestión me parece a la vez aberrante e hiperlúcida, ingenuamente genial.) Y así M. Abauzit rechaza, como va a hacer a continuación Lachelier, la propuesta de Bergson de introducir la palabra *presentación* en lugar de *representación*. Aquél discute que el *re* de representación implique un redoblamiento. Si hay duplicación, no es, dice, en el sentido que indica Bergson (repetición de un estado mental anterior), sino «reflejo, en el espíritu, de un objeto concebido, como existente en sí». Conclusión: «Así, pues, presentación no se justifica». En cuanto a Lachelier, éste preconiza una vuelta al francés, y el abandono puro y simple, en consecuencia, del uso filosófico de la palabra *representación*:

> Me parece que *representación* no era primitivamente en francés un término filosófico, y que sólo ha llegado a serlo cuando se ha querido traducir *Vorstellung* [aquí Lachelier, aun cuando hasta cierto punto no esté completamente equivocado, parece al menos que no tiene en cuenta el hecho de que *Vorstellung* era también traducción del latín *repraesentatio*]. Pero sí se decía *representarse* algo y creo que la partícula *re*, en esa palabra, indicaba, de acuerdo con su sentido ordinario, una reproducción de lo que estaba dado anteriormente, pero quizá sin que le prestase atención... La crítica de H. Bergson está justificada, pues, en rigor; pero no hay que ser tan rigurosos en la etimología. Lo mejor sería no hablar en absoluto en filosofía de *representaciones*, y contentarse con el verbo *representarse*; pero si se tiene absoluta necesidad de un sustantivo, más vale *representación*, en un sentido ya consagrado por el uso, que *presentación*, que despierta en francés ideas de un orden completamente diferente.

Habría mucho que decir sobre los considerandos de esta conclusión, sobre la distinción necesaria, según Lachelier, entre el uso corriente y el uso filosófico, sobre la desconfianza frente al etimologismo, sobre la transformación del sentido y el convertirse en filosófico un sentido cuando se pasa de una forma verbal idiomática a una forma nominal, sobre la necesidad de hablar «filosofía» en la propia lengua y de desconfiar de las violencias introducidas por la traducción, sobre el respeto a los usos consagrados, sin embargo, como más válidos que el neologismo o el artificio de un nuevo uso decretado por la filosofía, etc. Quisiera solamente señalar que esta desconfian-

za propiamente xenófoba frente a la importación filosófica
en el idioma no concierne sólo, en el texto sintomático de
Lachelier, a la invasión del francés por el alemán, sino
de manera más general y más intestina, a la contaminación violenta: el injerto mal soportado, y que a decir verdad habría que rechazar, de la lengua filosófica en el
cuerpo de la lengua natural y ordinaria. Pues no es sólo
en francés, y teniendo como procedencia la lengua alemana, como habría actuado ese mal y habría dejado malas
huellas. El mal ha empezado ya en el cuerpo de la lengua
alemana, en la relación consigo mismo del alemán, en el
germano-germano. Y se ve cómo Lachelier llega a pensar
en una terapéutica de la lengua que no sólo prevendría el
mal francés procedente de Alemania, sino que se la expor-
taría bajo la forma de un consejo europeo de las lenguas.
Pues, murmura aquél, nuestros amigos alemanes han su-
frido quizás a su vez los efectos del estilo filosófico. Se
han sentido quizá «chocados» por el uso filosófico de la
palabra *Vorstellung*:

> ... En el sentido ordinario, *estar en lugar de...*, este
> prefijo (*re*) parece más bien expresar la idea de una
> segunda presencia, de una repetición imperfecta de la
> presencia primitiva y real. Esto ha podido decirse de
> una persona que actúa en nombre de otra, y de una
> simple imagen que nos vuelve presente a su manera
> una persona o una cosa ausente. De ahí el sentido de
> *representarse* interiormente a una persona o una cosa
> imaginándola, de donde se ha pasado finalmente al sen-
> tido filosófico de *representación*. Pero me parece que
> ese paso tiene algo de violento y de ilegítimo. Habría
> habido que poder decir *se-representación*, y, al no po-
> der, habría habido que renunciar a esa palabra. Ade-
> más me parece probable que nosotros mismos no haya-
> mos sacado *representación* de *representarse*, sino que
> hayamos calcado simplemente *Vorstellung* para tradu-
> cirlo. Realmente estamos obligados, actualmente, a to-
> lerar ese uso de la palabra, pero ésta apenas me parece
> francesa. (...)

Y tras unas interesantes alusiones a Hamelin, Leibniz y Descartes acerca del uso que éstos hacen, sin embargo, de la misma palabra, Lachelier concluye además:

> Sería oportuno investigar si *Vorstellung* no ha salido de *sich etwas vorstellen* (representarse algo), y si los alemanes no se han visto «chocados» cuando se la ha empezado a emplear en el estilo filosófico.

Advierto de pasada el interés de esa insistencia en el *se* del *representarse*, como también en el *sich* del *sich vorstellen*. Esa insistencia señala hasta qué punto es justamente sensible Lachelier a esa dimensión autoafectiva que es sin duda lo esencial de la representación y que se señala mejor en el verbo reflexivo que en el nombre. En la representación importa ante todo que un sujeto *se* dé, *se* procure, dé sitio para él y ante él a objetos: aquél se los representa y se los envía, y por eso es por lo que dispone de ellos.

Las reflexiones que acabo de presentarles, si bien las considero como considerandos (más o menos esperados), son los considerandos de cuestiones y no de conclusiones. He aquí, pues, sin embargo, para concluir, un cierto número de cuestiones que quisiera plantearles en su formulación más económica, o en el estilo telegráfico que corresponde a un envío así.

Primera cuestión. Afecta a la historia de la filosofía, de la lengua y de la lengua filosófica francesa. ¿La hay realmente? ¿Y es unitaria? ¿Qué ha pasado en ella o en sus bordes desde el debate de 1901 en torno a las palabras *presentación* y *representación* en la Sociedad francesa de Filosofía? ¿Qué supone la elaboración de esa cuestión?

Segunda cuestión. Se relaciona con la legitimidad misma de una interrogación general acerca de la esencia de *la* representación, dicho de otro modo, del uso del nombre y del título «representación» en un coloquio en general. Esa es mi cuestión principal, y aunque deba dejarla

en estado de mínimo esquematismo, tendré que explicar-
la un poco más que la anterior, tanto más porque me
llevará quizás a bosquejar otra relación con Heidegger.
Sigue tratándose de lenguas y de traducción. Se podría
objetar, y me tomo esta objeción en serio, que en las
situaciones ordinarias del lenguaje ordinario (si las hay,
como se cree de ordinario), la cuestión de saber a qué se
apunta con el nombre de representación tiene pocas ocasiones de surgir, y si lo hace, no dura un segundo. Para
esto basta con un contexto que esté, si no saturado, al
menos razonablemente determinado como lo está justamente en lo que se llama la experiencia ordinaria. Si leo,
si oigo en la radio, si alguien me dice que la representación diplomática o parlamentaria de un país ha sido reci-
bida por el jefe de estado, que los representantes de los
trabajadores en huelga o de los padres de alumnos han
ido en delegación al ministerio, si leo en el periódico que
esta tarde habrá una representación de la *Psyché* de Mo-
lière o que tal cuadro representa a Eros, etc., comprendo
sin el menor equívoco y no me cojo la cabeza con la dos
manos para entender lo que quiere decir eso. Basta evidentemente con que tenga una relación de competencia
media exigida en un cierto estado de la sociedad, de su
escolarización, etc. Y que el *destino* del mensaje enviado
sea de una gran probabilidad, esté lo suficientemente determinado. Puesto que las palabras funcionan siempre en
un contexto (supuesto) destinado a asegurar normalmen-
te la normalidad de su funcionamiento, preguntarse qué
pueden querer decir aquéllas antes y al margen de todo
contexto determinado de esa manera, es interesarse (podría decir alguien quizá) por una patología o un disfuncionamiento lingüístico. El esquema es muy conocido. El
cuestionamiento filosófico acerca del nombre y de la esencia de «representación» antes y al margen de todo
contexto particular sería el paradigma mismo de este
disfuncionamiento. Este llevaría necesariamente a apo-
rías o a juegos de lenguaje sin importancia, o más bien
a juegos de lenguaje que el filósofo se tomaría en serio

sin darse cuenta de lo que, en el funcionamiento del lenguaje, hace posible ese juego. En esta perspectiva, no se trataría de excluir el estilo o el tipo filosófico fuera del lenguaje ordinario, sino de reconocerle un lugar entre otros. Lo que hacemos con la palabra «representación» como filósofos desde hace siglos o decenios vendría a integrarse, mejor o peor, en el conjunto de los códigos y de los usos. Esa sería también una posibilidad contextual entre otras.

Este tipo de problemática —respecto a la que no hago más que indicar su principal apertura— puede dar lugar, como se sabe, a los desarrollos más diversos, por ejemplo, por el lado *pragmático* del lenguaje, para el que el núcleo representacional o referencial de los enunciados no sería lo esencial, y es significativo que estos desarrollos hayan encontrado un terreno cultural favorable fuera del duelo, del diálogo o de la *Auseinandersetzung* galogermánica, de los anales francoalemanes en los que me he confinado un poco aquí. Cualesquiera que sean los representantes más o menos anglosajones, desde Peirce (con su problemática de lo representado como, también, del *representamen*) o de Wittgenstein, si éste fuese inglés, hasta los partidarios más diversos de la filosofía analítica o de la *speech act theory*, ¿no se produce ahí un descentramiento en relación con esa *Auseinandersetzung* que tenemos excesiva tendencia a considerar como un lugar de convergencia absoluta? Y en ese descentramiento, incluso si no se procede a él necesariamente según las vías anglosajonas a las que acabo de hacer simplemente alusión, incluso si se sospecha que éstas son todavía demasiado filosóficas en el sentido centralizador del término, y si, a decir verdad, la excentricidad comienza en el centro del continente, ¿no se podrá encontrar quizás una incitación hacia una problemática de otro estilo? No se trataría entonces simplemente de volver a llevar o de someter el lenguaje llamado filosófico a la ley ordinaria y de hacer simplemente que comparezca ante esta última instancia contextual, sino de preguntarse si, dentro incluso de lo

que se ofrece como uso filosófico o simplemente teórico
de la palabra *representación*, hay que presumir la unidad de algún centro semántico, que ordenaría toda una
multiplicidad de modificaciones y de derivaciones. Pero,
¿no es acaso esa presunción eminentemente filosófica,
justamente una de tipo representativo, en el sentido presuntamente central del término, a saber, la presunción de
que una única misma presencia se delega en ese sentido,
se envía, se junta, y finalmente se reencuentra? Esta interpretación de la representación presupondría una pre-in-
terpretación representacional de la representación, seguiría siendo una representación de la representación. Esta
presunción unificadora, conjuntadora, derivacionista,
¿acaso no sigue actuando hasta en los desplazamientos
más fuertes y necesarios de Heidegger? ¿No podría verse
una señal de eso en el hecho de que la época de la repre-
sensación o de la *Vorstellung* aparezca en aquél como una
época en el destino o en el envío conjuntado (*Geschick*)
del ser? ¿Y en que el *Gestell* siga estando en relación con
eso? Aunque la época no sea un modo, una modificación,
en sentido estricto, de un ente o de un sentido sustancial,
aunque no sea tampoco un momento o una determinación
en el sentido hegeliano, realmente aquélla está anunciada
por medio de un envío del ser que, en primer término, se
desvela como presencia, más rigurosamente como *Anwesenheit*. Para que la época de la representación tenga su
sentido y su unidad de época, es necesario que pertenezca
a la conjunción de un envío más originario y más pode-
roso. Y si no se produjese la conjunción de ese envío, el
Geschick del ser, si ese *Geschick* no se hubiese anunciado
primero como *Anwesenheit* del ser, ninguna interpretación de la época de la representación llegaría a colocar
a ésta en la unidad de una historia de la metafísica. Sin
duda —y ahora habría que redoblar la prudencia y la
lentitud, mucho más de lo que puedo hacerlo aquí—
la conjunción del envío y de la destinalidad, el *Geschick*,
no tiene la forma de un *telos*, todavía menos de una certeza (cartesiana o lacaniana) de la llegada a destino del

envío. Pero al menos hay (*es gibt*) un envío. Al menos se
da un envío, el cual está en conjunción consigo mismo; y
esa conjunción es la condición, el ser-en-conjunto de lo
que se presta a ser pensado para que una figura epocal
—aquí la de la representación— *se destaque* en su contorno y se coloque con su ritmo dentro de la unidad de
un destinarse, o más bien de una destinalidad del ser.
Sin duda, el ser-en-conjunto del *Geschick*, y esto puede
decirse también del *Gestell*, no es ni el de una totalidad,
ni el de un sistema, ni el de una identidad comparable a
ninguna otra. Sin duda se deben tomar las mismas precauciones con respecto a la conjunción de toda figura
epocal. Sin embargo persiste la cuestión: si, en un sentido que no es ni cronológico, ni lógico, ni intrahistórico,
toda la interpretación historial o destinal coloca la época
de la representación (dicho de otro modo, la modernidad,
y en el mismo texto Heidegger traduce: la era del *subjectum*, del objetivismo y del subjetivismo, de la antropolo-
gía, del humanismo esteticomoral, etc.) en relación con
un envío originario del ser como *Anwesenheit* que a su
vez se traduce en presencia, y después en representación
según traducciones que son otras tantas mutaciones en
lo mismo, en el ser-en-conjunto del mismo envío, entonces el ser-en-conjunto del envío originario llega de alguna
manera hasta sí mismo, hasta lo más próximo de sí mismo, en la *Anwesenheit*. Incluso si hay disensión (*Zwiespalt*) en lo que Heidegger llama la gran época griega y en
la experiencia de la *Anwesenheit*, esta disensión se reúne
en el *legein*. Aquélla se salva, se conserva, y asegura así
una especie de indivisibilidad de lo destinal. Es apoyán-
dose en esa especie de indivisibilidad reunida del envío
como la lectura heideggeriana puede destacar épocas, y
entre ellas la más poderosa, la más larga, la más peligro-
sa también de todas las épocas, la época de la representación en los tiempos modernos. Como no es una época
entre otras, y puesto que *se destaca*, privilegiadamente, de
un modo muy singular, ¿no tendrá alguien la tentación
de decir que a su vez está destacada, enviada como dele-

gada, sustituyendo aquello que se disimula, se queda en suspenso o se reserva en ella, contrayéndose o retirándose en ella, a saber, la *Anwesenheit* o incluso la presencia? De ese destacarse podrán encontrarse varios tipos (metáfora, metonimia, modo, determinación, momento, etc.), pero todos ellos serán insatisfactorios por razones esenciales. Pero difícilmente podrá uno evitar preguntarse si la relación de la época de la representación con la gran época griega no sigue siendo interpretada por Heidegger de un modo representativo, como si la pareja *Anwesenheit/repraesentatio* siguiese dictando la ley de su propia interpretación, de manera que ésta no haría otra cosa sino redoblarse y reconocerse en el texto historial que pretende descifrar. Tras o bajo la época de la representación, estaría retirado lo que aquélla disimula, recubre, olvida como el envío mismo que sigue representando, la presencia o la *Anwesenheit* en su conjunción en el *legein* griego que la habrá salvado, y ante todo salvado de de la dislocación. Mi cuestión es entonces la siguiente, y la formulo demasiado de prisa: allí donde el envío del ser se divide, desafía el *legein*, desbarata su destino, ¿no se hace, por principio, discutible el esquema de lectura heideggeriano, no queda historialmente desconstruido, y desconstruido en la historialidad que sigue implicando ese esquema? Si ha habido representación, es quizá porque, justamente (y Heidegger lo reconocería) el envío del ser estaba originariamente amenazado en su ser-en-conjunto, en su *Geschick*, por la divisibilidad o la disensión (lo que yo llamaría la diseminación). ¿No puede entonces concluirse que si ha habido representación, la lectura epocal que de ella propone Heidegger se convierte, *por ese hecho*, en problemática de entrada, al menos como lectura ordenadora (cosa que ésta pretende ser también), si no como cuestionamiento abierto de aquello que se presta a ser pensado más allá de la problemática e incluso *más allá de la cuestión del ser*, del destino conjuntado o del envío del ser?

Lo que acabo de sugerir no concierne sólo a la lectura

de Heidegger, a la que éste hace del destino de la representación o a la que haríamos nosotros de su propia lectura. Esto no concierne sólo a toda la ordenación de las épocas o de los períodos dentro de la presunta unidad de una historia de la metafísica o de Occidente. Está ahí en juego también hasta el crédito que se quisiera conceder, como filósofos, a una organización centrada, centralizada, de todos los campos o de todas las secciones de la representación, alrededor de un sentido tutor y de una interpretación fundamental. Si ha habido representación, es que la división habrá sido más fuerte, lo bastante fuerte como para que ese sentido tutor no guarde, no salve, no garantice ya nada de forma lo bastante rigurosa.

Las problemáticas o las metamorfosis llamadas «modernas» de la representación no serían ya en absoluto representaciones de lo mismo, difracciones de un sentido único a partir de una sola encrucijada, de un solo lugar de encuentro o de cruce para trayectorias convergentes, a partir de una sola congresión o de un solo congreso.

Si no temiese abusar de su tiempo y de su paciencia, habría intentado quizá poner a prueba una diferencia así de la representación, una diferencia que no se ordenaría ya con la diferencia de la *Anwesenheit* o de la presencia, o con la diferencia *como* presencia, una diferencia que no representaría ya a lo mismo o la relación consigo del destino del ser, una diferencia que no sería repatriable al *envío de sí*, una diferencia como envío que *no sería* uno, *ni un envío de sí*. Sino envíos de lo otro, de los otros. Invenciones de lo otro. Habría intentado esta prueba no proponiendo algún tipo de demostración científica a través de las diferentes secciones previstas por nuestro consejo científico, a través de diferentes tipos de problemática de *la* representación. Más bien, y preferentemente, fijándome en el lado de lo que *no está representado* en nuestro programa. Dos ejemplos de lo que no está representado, y habré terminado.

Primer ejemplo. ¿Hay, en las diferentes secciones previstas, un *topos* al menos virtual para lo que, bajo el

nombre de psicoanálisis y bajo la firma de Freud, nos ha
legado un corpus tan extraño y tan extrañamente cargado de «representaciones» en todas las lenguas? En
cuanto al léxico de la *Vorstellung*, del *Vorstellungsreprä-
sentant*, con su abundancia, su complejidad, las prolijas
dificultades del discurso que lo sostiene, ¿manifiesta un
episodio de la época de la representación, como si Freud
se debatiese confusamente entre las imposiciones impla-
cables de un programa y de una herencia conceptual? El
concepto mismo de pulsión y de «destino de pulsión»
(*Triebschicksal*), que Freud sitúa en la frontera entre lo
somático y lo psíquico, parece que no puede construirse
si no es recurriendo a un esquema representativo, y en
primer lugar en el sentido de la delegación. Igualmente,
el concepto de represión (originaria o secundaria, propiamente dicha) se construye sobre la base de un concepto
de representación: la represión se refiere esencialmente
a representaciones o a representantes, a delegados. Ese
valor de delegación, si se quiere aquí a Laplanche y a Pontalis en su preocupación de sistematicidad, daría lugar a
dos interpretaciones o a dos formulaciones por parte de
Freud. Tan pronto la pulsión misma sería un «representante psíquico» (*psychische Repräsentanz* o *psychischer
Repräsentant*) de las excitaciones somáticas; tan pronto
la pulsión sería el proceso mismo de excitación somática,
y ella, la pulsión, sería representada por lo que Freud
llama «representantes de la pulsión» (*Triebrepräsentanz*
o *Triebrepräsentant*). Estos, a su vez, se enfocan o bien
—principalmente— como representantes en la forma de
la rcpresentación en el sentido de *Vorstellung* (*Vorstel-
lungsrepräsentant* o *-repräsentant*), con una mayor insistencia en el aspecto ideativo, o bien bajo el aspecto del
quantum de afecto del que Freud llegó a decir que era
más importante en el representante de la pulsión que el
aspecto representativo (intelectual o ideativo). Laplanche
y Pontalis proponen superar las aparentes contradicciones u oscilaciones de Freud en lo que llaman sus «formulaciones» recordando que, sin embargo, «una idea se

mantiene siempre presente: la *relación* de lo somático
con lo psíquico no se concibe ni al modo del paralelismo
ni al modo de una causalidad, sino que debe compren-
derse comparándola con la relación que existe entre un
delegado y su mandante». Y en nota: «Se sabe que, en
un caso así, el delegado, aunque en principio no sea otra
cosa que un "apoderado" de su mandante, entra en un
nuevo sistema de relaciones que corre el riesgo de modi-
ficar su perspectiva y de desviar las directivas que le han
sido dadas». Todo el problema reside en lo que Laplanche
y Pontalis llaman una *comparación*. Si es a partir de esta
comparación con la estructura de la delegación como se
interpretan cosas tan escasamente descuidables como las
relaciones del cuerpo y el alma, del destino de las pulsio-
nes de la represión, etc., el término de la comparación
no debe ya considerarse como una evidencia que cae por
su propio peso. ¿Qué es legar o delegar, si ese movimiento no se puede derivar, interpretar o comparar a partir
de ninguna otra cosa? ¿Qué es una misión o un desvío?
Este tipo de cuestión puede tener como pretexto otros lugares del discurso freudiano, y más estrictamente otros
recursos a la palabra o al concepto de representación
(por ejemplo, la representación de finalidad [*Zielvorstel-
lung*], o sobre todo la distinción entre representación de
palabra y representación de cosa [*Wort-* y *Sach-* o *Ding-
vorstellung*], distinción de la que es sabido qué papel le
asigna Freud entre el proceso primario y el proceso secundario, o en la estructura de la esquizofrenia). Cabe preguntarse, como sugieren en varias ocasiones, de forma un
poco confusa, Laplanche y Pontalis, si la traducción de
representación o de representante por «significante» permite una clarificación de las dificultades freudianas. Ahí
está evidentemente el envite fundamental, hoy en día, de
la herencia lacaniana de Freud. Ese envite, que he intentado situar en otro lugar, aquí no puedo hacer más que
señalarlo. Y la cuestión que planteo a propósito de Freud
(en su relación con la época de la representación) puede
en principio valer también para Lacan. En todo caso,

cuando Laplanche y Pontalis dicen a propósito de la palabra *Vorstellung* que «Freud no modifica su acepción en el punto de partida, pero el uso que hace de ella es original», el punto problemático está justamente en esa distinción entre la aceptación y el uso. ¿Cabe distinguir entre el contenido semántico (eventualmente estable, continuo, idéntico consigo) y la diversidad de los usos, de los funcionamientos, de las determinaciones contextuales, suponiendo que estos últimos no pueden desplazar o incluso desconstruir totalmente la identidad de los primeros? Dicho de otro modo, ¿acaso los desarrollos llamados «modernos» —como el del psicoanálisis freudiano, pero se podrían citar otros— sólo son pensables en relación con una tradición semántica fundamental, o incluso con una determinación epocal unificadora de la representación que aquellos desarrollos seguirían representando todavía? ¿O bien debemos encontrar en ellos una incitación que nos permita pensar de un modo completamente diferente la difracción de los campos, y en primer lugar de los envíos o de las remisiones? ¿Se está autorizado a decir, por ejemplo, que la teorización lacaniana de la *Vorstellung-repräsentanz* en términos de significante binario que produce la desaparición, la *aphanisis* del sujeto, está contenida toda ella dentro de lo que Heidegger llama la época de la representación? Sólo puedo aquí designar el lugar de este problema. Este no trae consigo una respuesta simple. Remito especialmente a dos de los capítulos del seminario sobre *Los cuatro conceptos fundamentales del psicoanálisis* (*Tuché y automaton*, por una parte; *La aphanisis*, por otra). Es muy importante que, en estos capítulos en particular, Lacan defina su relación con el *Yo pienso* cartesiano y con la dialéctica hegeliana, es decir, con las dos instancias mandatarias y mandantes más fuertes que Heidegger le atribuye al reino de la representación. Las nervaduras de la problemática a la que remito aquí han sido reconocidas por primera vez e interpretadas de forma fundamental en los trabajos de Lacoue-Labarthe y de Nancy, a partir de *El título de la letra*, su obra común, hasta sus últimas publicaciones, respectivamente *El suje-to de la filosofía* y *Ego sum*.

El *segundo* y último *ejemplo* anunciado concierne a la cuestión-límite de lo irrepresentable. Pensar el límite de la representación es pensar lo irrepresentado o lo irrepresentable. Hay aquí maneras muy numerosas de poner el acento. El desplazamiento de acento puede dar lugar a potentes desviaciones. Si pensar lo irrepresentable es pensar más allá de la representación para pensar la representación a partir de su límite, entonces puede entenderse esto como una tautología. Y ésa es una primera respuesta, que podría ser tanto la de Hegel como la de Heidegger. Los dos piensan el pensamiento, ése del que la representación tiene miedo (según la expresión de Heidegger, que se pregunta si, simplemente, no se tiene miedo de pensar), como lo que se abre o da un paso más allá o más acá de la representación. Esta es incluso la definición tanto de la representación como del pensamiento para Hegel: la *Vorstellung* es una mediación, un medio (*Mitte*) entre el intelecto no libre y el intelecto libre, dicho de otro modo, el pensamiento. Es una manera doble y diferenciada de pensar el pensamiento como lo más allá de la representación. Pero es la forma de ese paso, la *Aufhebung* de la representación, lo que Heidegger sigue interpretando como perteneciente a la época de la representación. Y, sin embargo, aunque Heidegger y Hegel no piensen aquí de la misma manera el pensamiento como más allá de la representación, me parece que a Hegel y Heidegger los aproxima una cierta posibilidad de la relación con lo irrepresentable (o al menos aquello a lo que remiten esos nombres propios, si no a lo que representan). Esta posibilidad no concerniría sólo a lo irrepresentable como aquello que es extraño a la estructura misma de lo representable, como lo que *no se puede* representar sino más bien, y además, a lo que *no se debe* representar, tenga o no esto la estructura de lo representable. Estoy nombrando aquí el inmenso problema de la *prohibición* que afecta a la representación, a lo que se ha

podido traducir más o menos legítimamente (otro problema inaudito) a partir de un mundo judío o islámico por
«representación». Ahora bien, este inmenso problema, ya
concierna a la representación objetivadora, a la representación mimética o incluso a la simple presentación, o hasta a la simple nominación, no diré que esté simplemente
omitida por pensamientos de tipo hegeliano o heideggeriano. Pero me parece que en principio está secundarizado
y derivado en Heidegger (en cualquier caso, que yo sepa
al menos, no constituye el objeto de ninguna atención
específica para él). Y en cuanto a Hegel, que habla del
problema más de una vez, en particular en sus *Lecciones
de Estética*, quizá no es injustificado decir que la interpretación de esa prohibición se encuentra derivada y
reinscrita en un proceso más vasto, de estructura dialéctica, y en el curso del cual la prohibición no constituye
un acontecimiento absoluto procedente de algo completamente otro, que desgarraría de manera absoluta o que al
menos le daría la vuelta disimétricamente a la trama de un
proceso dialectizable. Eso no quiere necesariamente decir
que los rasgos esenciales de la prohibición queden por
eso ignorados o disimulados. Por ejemplo se toman en
cuenta la desproporción entre la infinidad de Dios y los
límites de la representación humana y en eso puede verse
que se anuncia lo completamente-otro. A la inversa, si se
concluyese en algún tipo de supresión dialéctica del corte
de la prohibición, eso no implicaría que, a la inversa,
toda toma en consideración de ese corte (por ejemplo, en
un discurso psicoanalítico) no acabase en un resultado
análogo, a saber, reinscribiendo la génesis y la significación de la prohibición sobre la representación, dentro de
un proceso inteligible y más vasto en donde volvería a de-
saparecer lo irrepresentable como lo completamente-otro.
Pero, ¿no es la desaparición, la no-fenomenalidad, el destino de lo completamente-otro y de lo irrepresentable, o
de lo impresentable? Una vez más (y refiriéndome a un
trabajo que se prolongó durante todo este año con estu-
diantes y colegas) aquí no puedo hacer otra cosa sino

marcar la abertura y la necesidad de una interrogación
para la que nada está asegurado en lo más mínimo, y no
lo está sobre todo por medio de lo que se traduce tran-
quilamente por prohibición o por representación.

   ¿Hacia qué, hacia quién, hacia dónde he remitido sin
cesar, en el curso de esta introducción, de forma a la
vez insistente y elíptica? Me atreveré a decir que hacia
envíos, y hacia remisiones, ya, que no siguiesen siendo
representativos. Más allá de una clausura de la representación cuya forma no podía ser ya lineal, indivisible,
circular, enciclopédica o totalizante, he intentado retra-
zar una vía abierta a un pensamiento del envío que, aun
siendo, como el *Geschick des Seins* del que habla Heidegger, de una estructura extraña todavía a la representación, no se conjuntaba todavía consigo mismo como envío
del ser a través de la *Anwesenheit*, la presencia, y después la representación. Este envío pre-ontológico, de
alguna manera, no se junta. No se junta más que divi-
diéndose, difiriéndose. No es originario u originariamente envío-de (envío de un ente o de algo presente que le
precedería, todavía menos de un sujeto, o de un objeto
por y para un sujeto). No constituye unidad y no comienza consigo mismo, aunque no haya nada presente que le
preceda; no emite más que remitiendo ya, no emite más
que a partir de lo otro, *de lo otro en él sin él*. Todo comienza con el remitir, es decir, no comienza. Desde el
momento en que esa fractura o esa partición divide de
entrada todo remitir, hay no un remitir sino, de aquí en
adelante, siempre, una multiplicidad de remisiones, otras
tantas huellas diferentes que remiten a otras huellas y a
huellas de otros. Esta divisibilidad del envío no tiene nada
de negativo, no es una falta, es algo completamente diferente del sujeto, del significante, o de esa letra/carta de
la que Lacan dice que no soporta su partición y que llega
siempre a su destino. Esta divisibilidad o esta *différance*
es la condición para que haya envío, eventualmente un
envío del ser, una dispensación o un don del ser y del
tiempo, del presente y de la representación. Estas remi-

siones de huellas o estas huellas de remisiones no tienen la estructura de representantes o de representaciones, ni de significantes ni de símbolos, ni de metáforas ni de metonimias, etc. Pero como estas remisiones de lo otro a lo otro, estas huellas de *différance* no son condiciones originarias y trascendentales a partir de las cuales la filosofía pretende tradicionalmente derivar unos efectos, unas subdeterminaciones o unas épocas, no podrá decirse que, por ejemplo, la estructura representativa (o significante, o simbólica, etc.) les *sobrevenga*; no se podrá periodizar o hacer seguir a partir de esas remisiones alguna época de la representación. Desde que hay remisiones, y ya desde siempre las hay, algo así como la representación no espera más, y hay que arreglárselas quizá para contarse de otro modo esta historia, de remisiones a remisiones de remisiones, en un destino que no está nunca seguro de juntarse, de identificarse o de determinarse. No sé si esto puede decirse con o sin Heidegger, e importa poco. Es la única ocasión —pero no es más que una ocasión— para que haya historia, sentido, presencia, verdad, habla, tema, tesis y coloquio. Todavía es necesario aquí pensar la ocasión dada y la ley de esta ocasión. Queda abierta la cuestión de saber si es lo irrepresentable de los envíos lo que produce la ley (por ejemplo la prohibición de la representación) o si es la ley lo que produce lo irrepresentable al prohibir la representación. Cualquiera que sea la necesidad de esa cuestión acerca de la relación entre la ley y las huellas (las remisiones de huellas, las remisiones como huellas), tal cuestión se sofoca quizá cuando se cesa de *representarse* la ley, de aprehender la ley misma bajo la especie de lo representable. Quizá la ley misma desborda toda representación, quizá no está jamás ante nosotros como aquello que se sitúa en una figura o se compone una figura. (El guardián de la ley y el hombre del campo sólo están «ante la ley», *Vor dem Gesetz*, dice el título de Kafka,[1] al precio de no llegar jamás a verla, de

1. Véase «Préjugés —devant la loi», en *La faculté de juger*, Minuit, 1985.

no poder llegar jamás a ella. La ley no es ni presentable ni representable y la «entrada» en ella, según una orden que el hombre del campo interioriza y se da, se difiere hasta la muerte.) A menudo se ha pensado en la ley como en aquello mismo que pone, se pone y se junta en la composición (*thesis*, *Gesetz*, dicho de otro modo, lo que rige el orden de la representación) y la *autonomía* supone siempre la representación, como la tematización, el hacerse-tema. Pero la ley misma no llega quizá, *no nos llega*, sino transgrediendo la figura de toda representación posible. Cosa difícil de concebir, como es difícil de concebir cualquier cosa que esté más allá de la representación, pero que obliga quizás a pensar completamente de otro modo.

EL LENGUAJE Y LAS INSTITUCIONES FILOSÓFICAS
JACQUES DERRIDA

El presente texto está conformado por la totalidad del segundo apartado del libro *Du droit à la philosophie*, de Jacques Derrida. Es un análisis de las relaciones entre la lengua, como condición de posibilidad de la filosofía, y determinadas instancias institucionales y sus proyecciones históricas, políticas y sociales, en las que se plantean los problemas básicos del concepto de traducción, principalmente en lo que ésta tiene de suplementariedad. Se inicia (irrumpe) con un estudio de los posibles vínculos entre el discurso y una lengua concreta (nacional y moderna), a partir de consideraciones acerca del *Discurso del método*, de Descartes, primera etapa de la «normalización» de la lengua francesa, desde la exigencia de la lengua nacional como cauce de expresión de todo discurso racional y universal. Tras un estudio de la censura como institución, como crítica que dispone de la fuerza, a través de *El conflicto de las facultades*, de Kant, finaliza (sin agotarse) en Schelling, con su crítica a la unilateralidad de la perspectiva topológica de Kant y la pretensión ontoteológica de fundar la traducción (poética) en el intento de salvar el abismo entre filosofía y realidad, entre filosofía y poesía, entre el orden de lo ideal y el orden de lo real.

Cristina de Peretti, responsable de la introducción, es doctora en filosofía, profesora titular de la U.N.E.D. y autora del libro *Jacques Derrida: texto y deconstrucción*.